Bryn Mawr Commentaries

Aristophanes' *Lysistrata*

J. Hilton Turner

Department of Greek, Bryn Mawr College
Bryn Mawr, Pennsylvania

Copyright ©1982 by **Bryn Mawr Commentaries**

Manufactured in the United States of America
ISBN 0-929524-03-9
Printed and distributed by
Bryn Mawr Commentaries
Thomas Library
Bryn Mawr College
Bryn Mawr, PA 19010

Series Preface

These lexical and grammatical notes are meant not as a full-scale commentary but as a clear and concise aid to the beginning student. The editors have been told to resist their critical impulses and to say only what will help the student read the text. Our commentaries, then, are the beginning of the interpretative process, not the end.

We expect that the student will know the basic Attic declensions and conjugations, basic grammar (the common functions of cases and moods; the common types of clauses and conditions), and how to use a dictionary. In general we have tried to avoid duplication of material easily extractable from the lexicon, but we have included help with odd verb forms, and, recognizing that endless page-flipping can be counter-productive, we have provided the occasional bonus of assistance with uncommon vocabulary. The bibliography lists a few books in English that have proved helpful as secondary reading.

The commentaries are based on the Oxford Classical Text unless otherwise noted. Oxford University Press has kindly allowed us to print its edition of the Greek text in certain cases where we thought it would be particularly beneficial to the student. The text was set by Stephen V. F. Waite of Logoi Systems (Hanover, N.H.); the Greek text of the *Lysistrata* is modified from one obtained on a computer tape from the Thesaurus Linguae Graecae (Irvine, Cal.).

Production of these commentaries has been made possible by a generous grant from the Division of Education Programs, the National Endowment for the Humanities.

Richard Hamilton Gregory W. Dickerson
General Editor Associate Editor
Bryn Mawr Commentaries

Volume Preface

The *Lysistrata* of Aristophanes made its first appearance in 411 B.C., either at the Lenaean festival (late January) or the greater Dionysia (late March). At this time the Athenians had just suffered a disastrous defeat in their attempt to subjugate Syracuse in Sicily and were carrying on a desperate struggle against Sparta and her allies in the Peloponnesian War. Within the city, oligarchic conspirators were secretly plotting the overthrow of democracy, while the Attic countryside was being systematically ravaged by Spartan troops, and the Athenian navy, headquartered in Samos, was striving to hold together a disintegrating empire.

Aristophanes' appeal for peace and to panhellenic feelings is not to be thought of as a practical manifesto, although it represents the author's opposition to the war and to official Athenian policy. The element to which moderns relate most easily, the effective aggressiveness of women in a good cause, would be the most unreal to the original audience, a fantastic invention by the author with no place in the world they knew. On the other hand, the element with which many feel least comfortable, the pervasive sexual humor, is deeply rooted in Greek comedy, which had origins in fertility rites.

The *Lysistrata* has survived from antiquity in a handful of manuscripts, of which one is complete. The text in this book is based primarily on the Budé text of Victor Coulon (Paris, 1928), but departs from it in a number of instances, usually rejecting conjectures in favor of manuscript readings or emendations by other scholars.

Among those who have examined the commentary, my especial thanks go to Gregory Dickerson for the thoroughness of his criticism; I am also grateful to several generations of my students who have encouraged development of this commentary, and to the J.S. Mack Foundation, Westminster College, and the National Endowment for the Humanities for support at several stages.

J. Hilton Turner
New Wilmington, PA
June, 1982

Metrical Note

Iambic trimeter is the regular meter of dialogue in Attic drama. Each line comprises three metrical units ("metra") of the shape × − ⌣ −, so that the whole line may be diagrammed: × − ⌣ − / × − ⌣ − / × − ⌣ × (where − is a long syllable; ⌣ is a short syllable, and × is a syllable optionally long or short).

A syllable is long if it contains a long vowel or a diphthong or a short vowel followed by two consonants (ζ, ψ, ξ count as double consonants). One or both consonants may belong to the beginning of the following word, but mute consonants (π, β, φ, κ, γ, χ, τ, δ, θ) followed by a liquid consonant (λ, ρ, μ, ν) do not normally count as double consonants in determining syllable quantity.

A syllable is short if it contains a short vowel and is not lengthened under the double consonant rule. The Greek vowels ε and ο are always short; η and ω are always long; α, ι, υ may be long or short by nature, and their natural quantities in any given word are normally noted in the lexicon. Thus we may analyze ("scan") line 5:

$$\underline{-}\ \underline{-}\ \breve{\eta}\ \overline{\gamma}'\ /\ \underline{-}\ \underline{-}\ \breve{\eta}\ \underline{-}\ /\ \underline{-}\ \breve{-}\ \breve{-}\ \underline{-}$$
πλὴν ἢ γ' ἐμὴ κωμῆτις ἥδ' ἐξέρχεται

Metrical license in comedy permits the substitution of two short syllables for one almost anywhere in the line. Thus we may scan lines 1–3:

$$\underline{-}\ \underline{-}\ \breve{-}\ \underline{-}\ /\ \underline{-}\ \underline{-}\ \breve{\breve{-}}\ /\underline{-}\ \breve{-}\ \breve{-}\ \breve{-}$$
ἀλλ' εἴ τις εἰς Βακχεῖον αὐτὰς ἐκάλεσεν,

$$\underline{-}\ \breve{-}\ \underline{-}\ /\ \underline{-}\ \breve{\breve{-}}\ \underline{-}\ \breve{-}\ \breve{-}\ \breve{-}$$
ἢ 'ς Πανὸς ἢ 'ς Κωλιάδ' ἢ 'ς Γενετυλλίδος,

$$\underline{-}\ \underline{-}\ \breve{-}/\underline{-}\ \underline{-}\ \breve{-}\ \breve{-}\ \breve{-}/\underline{-}\ \underline{-}\ \breve{-}\ \underline{-}$$
οὐδ' ἂν διελθεῖν ἦν ἂν ὑπὸ τῶν τυμπάνων.

Most lines have word-end after either the fifth or seventh syllable ("caesura").

Iambic tetrameter catalectic employs the same basic pattern as above, but comprises four metra, of which the last is shortened by one syllable (catalectic). It can be diagrammed: × − ⌣ − / × − ⌣ − // × − ⌣ − / ⌣ − ×. // marks the coincidence of word end and end of metron (diaeresis), which occurs regularly at mid-point of a tetrameter line. The rules for substitution cited above apply: thus we may scan 281–82:

iii

οὕτως ἐπολιόρκησ' ἐγὼ τὸν ἄνδρ' ἐκεῖνον ὠμῶς
ἐφ' ἑπτακαίδεκ' ἀσπίδων πρὸς ταῖς πύλαις καθεύδων

Anapaestic tetrameter catalectic, a more spirited rhythm, is used in several dialogue passages. The basic unit is the anapaest, ⏑ ⏑ −, for which may be substituted freely, − − or − ⏑ ⏑. It can be diagrammed: ⏑ ⏑ − ⏑ ⏑ − / ⏑ ⏑ − ⏑ ⏑ − // ⏑ ⏑ − ⏑ ⏑ − / ⏑ ⏑ − ×. We may scan 486-87:

καὶ μὴν αὐτῶν τοῦτ' ἐπιθυμῶ νὴ τὸν Δία πρῶτα πυθέσθαι,
ὅ τι βουλόμεναι τὴν πόλιν ἡμῶν ἀπεκλείσατε τοῖσι
μοχλοῖσιν.

Corrigenda

Text:
150 Ἀμοργίνοις
315 χύτρα
385 αὐός

Commentary:
885 πολλῷ

ΛΥΣΙΣΤΡΑΤΗ

ΛΥΣΙΣΤΡΑΤΗ
Ἀλλ' εἴ τις εἰς Βακχεῖον αὐτὰς ἐκάλεσεν,
ἢ 'ς Πανὸς ἢ 'πὶ Κωλιάδ' ἢ 'ς Γενετυλλίδος,
οὐδ' ἂν διελθεῖν ἦν ἂν ὑπὸ τῶν τυμπάνων.
Νῦν δ' οὐδεμία πάρεστιν ἐνταυθοῖ γυνή·
πλὴν ἥ γ' ἐμὴ κωμῆτις ἥδ' ἐξέρχεται.   5
Χαῖρ', ὦ Καλονίκη.

ΚΑΛΟΝΙΚΗ
     Καὶ σύ γ', ὦ Λυσιστράτη.
Τί συντετάραξαι; Μὴ σκυθρώπαζ', ὦ τέκνον·
οὐ γὰρ πρέπει σοι τοξοποιεῖν τὰς ὀφρῦς.

ΛΥ. Ἀλλ', ὦ Καλονίκη, κάομαι τὴν καρδίαν,
καὶ πόλλ' ὑπὲρ ἡμῶν τῶν γυναικῶν ἄχθομαι,   10
ὁτιὴ παρὰ μὲν τοῖς ἀνδράσιν νενομίσμεθα
εἶναι πανοῦργοι— ΚΑ. Καὶ γάρ ἐσμεν νὴ Δία.

ΛΥ. εἰρημένον δ' αὐταῖς ἀπαντᾶν ἐνθάδε
βουλευσομέναισιν οὐ περὶ φαύλου πράγματος,
εὕδουσι κοὐχ ἥκουσιν. ΚΑ. Ἀλλ', ὦ φιλτάτη,   15
ἥξουσι· χαλεπή τοι γυναικῶν ἔξοδος.
Ἡ μὲν γὰρ ἡμῶν περὶ τὸν ἄνδρ' ἐκύπτασεν,
ἡ δ' οἰκέτην ἤγειρεν, ἡ δὲ παιδίον
κατέκλινεν, ἡ δ' ἔλουσεν, ἡ δ' ἐψώμισεν.

ΛΥ. Ἀλλ' ἕτερα γὰρ ἦν τῶνδε προὐργιαίτερα   20
αὐταῖς. ΚΑ. Τί δ' ἐστίν, ὦ φίλη Λυσιστράτη,
ἐφ' ὅ τι ποθ' ἡμᾶς τὰς γυναῖκας ξυγκαλεῖς;
Τί τὸ πρᾶγμα; Πηλίκον τι; ΛΥ. Μέγα. ΚΑ. Μῶν καὶ παχύ;

ΛΥ. Καὶ νὴ Δία παχύ. ΚΑ. Κᾆτα πῶς οὐχ ἥκομεν;
ΛΥ. Οὐχ οὗτος ὁ τρόπος· ταχὺ γὰρ ἂν ξυνήλθομεν.   25
Ἀλλ' ἔστιν ὑπ' ἐμοῦ πρᾶγμ' ἀνεζητημένον
πολλαῖσί τ' ἀγρυπνίαισιν ἐρριπτασμένον.

ΚΑ. Ἦ πού τι λεπτόν ἐστι τοὐρριπτασμένον;
ΛΥ. Οὕτω γε λεπτὸν ὥσθ' ὅλης τῆς Ἑλλάδος
ἐν ταῖς γυναιξίν ἐστιν ἡ σωτηρία.   30

ΚΑ. Ἐν ταῖς γυναιξίν; Ἐπ' ὀλίγου γ' ἄρ' εἴχετο.
ΛΥ. Ὡς ἔστ' ἐν ἡμῖν τῆς πόλεως τὰ πράγματα,
ἢ μηκέτ' εἶναι μήτε Πελοποννησίους—

ΚΑ. Βέλτιστα τοίνυν μηκέτ' εἶναι νὴ Δία.

ΛΥ. Βοιωτίους τε πάντας ἐξολωλέναι. 35
ΚΑ. Μὴ δῆτα πάντας γ', ἀλλ' ἄφελε τὰς ἐγχέλεις.
ΛΥ. Περὶ τῶν Ἀθηνῶν δ' οὐκ ἐπιγλωττήσομαι
τοιοῦτον οὐδέν, ἀλλ' ὑπονόησον σύ μοι.
Ἢν δὲ ξυνέλθωσ' αἱ γυναῖκες ἐνθάδε,
αἵ τ' ἐκ Βοιωτῶν αἵ τε Πελοποννησίων 40
ἡμεῖς τε, κοινῇ σώσομεν τὴν Ἑλλάδα.
ΚΑ. Τί δ' ἂν γυναῖκες φρόνιμον ἐργασαίατο
ἢ λαμπρόν, αἳ καθήμεθ' ἐξηνθισμέναι,
κροκωτοφοροῦσαι καὶ κεκαλλωπισμέναι
καὶ Κιμβερίκ' ὀρθοστάδια καὶ περιβαρίδας; 45
ΛΥ. Ταῦτ' αὐτὰ γάρ τοι κἄσθ' ἃ σώσειν προσδοκῶ,
τὰ κροκωτίδια καὶ τὰ μύρα χαἰ περιβαρίδες
χἤγχουσα καὶ τὰ διαφανῆ χιτώνια.
ΚΑ. Τίνα δὴ τρόπον ποθ'; ΛΥ. Ὥστε τῶν νῦν μηδένα
ἀνδρῶν ἐπ' ἀλλήλοισιν αἴρεσθαι δόρυ— 50
ΚΑ. Κροκωτὸν ἄρα νὴ τὼ θεὼ 'γὼ βάψομαι.
ΛΥ. μηδ' ἀσπίδα λαβεῖν— ΚΑ. Κιμβερικὸν ἐνδύσομαι.
ΛΥ. μηδὲ ξιφίδιον. ΚΑ. Κτήσομαι περιβαρίδας.
ΛΥ. Ἆρ' οὐ παρεῖναι τὰς γυναῖκας δῆτ' ἐχρῆν;
ΚΑ. Οὐ γὰρ μὰ Δί' ἀλλὰ πετομένας ἥκειν πάλαι. 55
ΛΥ. Ἀλλ', ὦ μέλ', ὄψει τοι σφόδρ' αὐτὰς Ἀττικάς,
ἅπαντα δρώσας τοῦ δέοντος ὕστερον.
Ἀλλ' οὐδὲ Παράλων οὐδεμία γυνὴ πάρα,
οὐδ' ἐκ Σαλαμῖνος. ΚΑ. Ἀλλ' ἐκεῖναί γ' οἶδ' ὅτι
ἐπὶ τῶν κελήτων διαβεβήκασ' ὄρθριαι. 60
ΛΥ. Οὐδ' ἃς προσεδόκων κἀλογιζόμην ἐγὼ
πρώτας παρέσεσθαι δεῦρο τὰς Ἀχαρνέων
γυναῖκας, οὐχ ἥκουσιν. ΚΑ. Ἡ γοῦν Θεογένους
ὡς δεῦρ' ἰοῦσα θοὐκάτειον ᾔρετο.
Ἀτὰρ αἵδε καὶ δή σοι προσέρχονταί τινες. 65
ΛΥ. Αἵδ' αὖθ' ἕτεραι χωροῦσί τινες. ΚΑ. Ἰοὺ ἰού,
πόθεν εἰσίν; ΛΥ. Ἀναγυρουντόθεν. ΚΑ. Νὴ τὸν Δία·
ὁ γοῦν Ἀνάγυρός μοι κεκινῆσθαι δοκεῖ.
ΜΥΡΡΙΝΗ
Μῶν ὕστεραι πάρεσμεν, ὦ Λυσιστράτη;
Τί φῄς; Τί σιγᾷς; ΛΥ. Οὔ σ' ἐπαινῶ, Μυρρίνη, 70
ἥκουσαν ἄρτι περὶ τοιούτου πράγματος.
ΜΥ. Μόλις γὰρ ηὗρον ἐν σκότῳ τὸ ζώνιον.
Ἀλλ' εἴ τι πάνυ δεῖ, ταῖς παρούσαισιν λέγε.
ΚΑ. Μὰ Δί' ἀλλ' ἐπαναμείνωμεν ὀλίγου γ' εἵνεκα
τάς τ' ἐκ Βοιωτῶν τάς τε Πελοποννησίων. 75

γυναῖκας ἐλθεῖν. ΛΥ. Πολύ σύ κάλλιον λέγεις.
Ἡδὶ δὲ καὶ δὴ Λαμπιτώ προσέρχεται.
Ὦ φιλτάτη Λάκαινα, χαῖρε, Λαμπιτοῖ.
Οἷον τὸ κάλλος, γλυκυτάτη, σου φαίνεται.
Ὡς δ' εὐχροεῖς, ὡς δὲ σφριγᾷ τὸ σῶμά σου. 80
Κἂν ταῦρον ἄγχοις.
ΛΑΜΠΙΤΩ
Μάλα γ', οἰῶ, ναὶ τὼ σιώ·
γυμνάδδομαι γὰρ καὶ ποτὶ πυγὰν ἅλλομαι.
ΚΑ. Ὡς δὴ καλὸν τὸ χρῆμα τῶν τιτθῶν ἔχεις.
ΛΑ. Ἇπερ ἱερεῖόν τοί μ' ὑποψαλάσσετε.
ΛΥ. Ἡδὶ δὲ ποδαπὴ 'σθ' ἡ νεᾶνις ἀτέρα; 85
ΛΑ. Πρέσβειρά τοι ναὶ τὼ σιὼ Βοιωτία
ἵκει ποθ' ὑμέ. ΛΥ. Νὴ Δί' ὦ Βοιωτία
καλόν γ' ἔχουσα τὸ πεδίον. ΚΑ. Καὶ νὴ Δία
κομψότατα τὴν βληχώ γε παρατετιλμένη.
ΛΥ. Τίς δ' ἀτέρα παῖς; ΛΑ. Χαΐα ναὶ τὼ σιώ, 90
Κορινθία δ' αὖ. ΚΑ. Χαΐα νὴ τὸν Δία
δήλη 'στὶν οὖσα ταυταγὶ τἀντευθενί.
ΛΑ. Τίς δ' αὖ συναλίαξε τόνδε τὸν στόλον
τὸν τᾶν γυναικῶν; ΛΥ. Ἥδ' ἐγώ. ΛΑ. Μύσιδδε τύ
ὅ τι λῇς ποθ' ἁμέ. ΜΥ. Νὴ Δί', ὦ φίλη γύναι, 95
λέγε δῆτα τὸ σπουδαῖον ὅ τι τοῦτ' ἐστί σοι.
ΛΥ. Λέγοιμ' ἂν ἤδη. Πρὶν λέγειν <δ'>, ὑμᾶς τοδὶ
ἐπερήσομαί, τι μικρόν. ΜΥ. Ὅ τι βούλει γε σύ.
ΛΥ. Τοὺς πατέρας οὐ ποθεῖτε τοὺς τῶν παιδίων
ἐπὶ στρατιᾶς ἀπόντας; Εὖ γὰρ οἶδ' ὅτι 100
πάσαισιν ὑμῖν ἐστιν ἀποδημῶν ἀνήρ.
ΚΑ. Ὁ γοῦν ἐμὸς ἀνὴρ πέντε μῆνας, ὦ τάλαν,
ἄπεστιν ἐπὶ Θρᾴκης φυλάττων Εὐκράτη.
ΜΥ. Ὁ δ' ἐμός γε τελέους ἑπτὰ μῆνας ἐν Πύλῳ.
ΛΑ. Ὁ δ' ἐμός γα, κ' ἄν ἐκ τᾶς ταγᾶς ἔλσῃ ποκά, 105
πορπακισάμενος φροῦδος ἀμπτάμενος ἔβα.
ΛΥ. Ἀλλ' οὐδὲ μοιχοῦ καταλέλειπται φεψάλυξ.
Ἐξ οὗ γὰρ ἡμᾶς προὔδοσαν Μιλήσιοι,
οὐκ εἶδον οὐδ' ὄλισβον ὀκτωδάκτυλον,
ὃς ἦν ἂν ἡμῖν σκυτίνη 'πικουρία. 110
Ἐθέλοιτ' ἂν οὖν, εἰ μηχανὴν εὕροιμ' ἐγώ,
μετ' ἐμοῦ καταλῦσαι τὸν πόλεμον; ΚΑ. Νὴ τὼ θεὼ
ἔγωγε τἄν, κἄν εἴ με χρείη τοὔγκυκλον
τουτὶ καταθεῖσαν ἐκπιεῖν αὐθημερόν.
ΜΥ. Ἐγὼ δέ γ' ἄν, κἄν ὡσπερεὶ ψῆτταν δοκῶ, 115

δοῦναι ἂν ἐμαυτῆς παρατεμοῦσα θήμισυ.
ΛΑ. Ἐγὼ δὲ καί κα ποττὸ Ταΰγετον ἄνω
ἔλσοιμ᾽ ὅπα μέλλοιμί γ᾽ εἰράναν ἰδεῖν.
ΛΥ. Λέγοιμ᾽ ἄν· οὐ δεῖ γὰρ κεκρύφθαι τὸν λόγον.
Ἡμῖν γάρ, ὦ γυναῖκες, εἴπερ μέλλομεν 120
ἀναγκάσειν τοὺς ἄνδρας εἰρήνην ἄγειν,
ἀφεκτέ᾽ ἐστὶ— ΚΑ. Τοῦ; φράσον. ΛΥ. Ποήσετ᾽ οὖν;
ΚΑ. Ποήσομεν, κἂν ἀποθανεῖν ἡμᾶς δέῃ.
ΛΥ. Ἀφεκτέα τοίνυν ἐστὶν ἡμῖν τοῦ πέους.
Τί μοι μεταστρέφεσθε; Ποῖ βαδίζετε; 125
Αὗται, τί μοιμυᾶτε κἀνανεύετε;
Τί χρὼς τέτραπται; Τί δάκρυον κατείβεται;
Ποήσετ᾽ ἢ οὐ ποήσετ᾽; Ἢ τί μέλλετε;
ΚΑ. Οὐκ ἂν ποήσαιμ᾽, ἀλλ᾽ ὁ πόλεμος ἑρπέτω.
ΜΥ. Μὰ Δί᾽ οὐδ᾽ ἔγωγ᾽ ἄν, ἀλλ᾽ ὁ πόλεμος ἑρπέτω. 130
ΛΥ. Ταυτὶ σὺ λέγεις, ὦ ψῆττα; Καὶ μὴν ἄρτι γε
ἔφησθα σαυτῆς κἂν παρατεμεῖν θήμισυ.
ΚΑ. Ἄλλ᾽, ἄλλ᾽ ὅ τι βούλει. Κἄν με χρῇ, διὰ τοῦ πυρὸς
ἐθέλω βαδίζειν. Τοῦτο μᾶλλον τοῦ πέους·
οὐδὲν γὰρ οἷον, ὦ φίλη Λυσιστράτη. 135
ΛΥ. Τί δαὶ σύ; ΜΥ. Κἀγὼ βούλομαι διὰ τοῦ πυρός.
ΛΥ. Ὢ παγκατάπυγον θἠμέτερον ἅπαν γένος.
Οὐκ ἐτὸς ἀφ᾽ ἡμῶν εἰσιν αἱ τραγῳδίαι·
οὐδὲν γάρ ἐσμεν πλὴν Ποσειδῶν καὶ σκάφη.
Ἀλλ᾽, ὦ φίλη Λάκαινα,—σὺ γὰρ ἐὰν γένῃ 140
μόνη μετ᾽ ἐμοῦ, τὸ πρᾶγμ᾽ ἀνασωσαίμεσθ᾽ ἔτ᾽ <ἄν>,—
ξυμψήφισαί μοι. ΛΑ. Χαλεπὰ μὲν ναὶ τὼ σιὼ
γυναῖκας ὑπνῶν ἐστ᾽ ἄνευ ψωλᾶς μόνας.
Ὅμως γα μάν· δεῖ τᾶς γὰρ εἰράνας μάλ᾽ αὖ.
ΛΥ. Ὢ φιλτάτη σὺ καὶ μόνη τούτων γυνή. 145
ΚΑ. Εἰ δ᾽ ὡς μάλιστ᾽ ἀπεχοίμεθ᾽ οὗ σὺ δὴ λέγεις,—
ὃ μὴ γένοιτο,—μᾶλλον ἂν διὰ τουτογὶ
γένοιτ᾽ ἂν εἰρήνη; ΛΥ. Πολύ γε νὴ τὼ θεώ.
Εἰ γὰρ καθήμεθ᾽ ἔνδον ἐντετριμμέναι,
κἂν τοῖς χιτωνίοισι τοῖς Ἀμοργίοινς 150
γυμναὶ παρίοιμεν δέλτα παρατετιλμέναι,
στύοιντο δ᾽ ἄνδρες κἀπιθυμοῖεν σπλεκοῦν,
ἡμεῖς δὲ μὴ προσίοιμεν, ἀλλ᾽ ἀπεχοίμεθα,
σπονδὰς ποήσαιντ᾽ ἂν ταχέως, εὖ οἶδ᾽ ὅτι.
ΛΑ. Ὁ γῶν Μενέλαος τᾶς Ἑλένας τὰ μαλά πα 155
γυμνᾶς παραϊδὼν ἐξέβαλ᾽, οἰῶ, τὸ ξίφος.
ΚΑ. Τί δ᾽, ἢν ἀφιῶσ᾽ ἄνδρες ἡμᾶς, ὦ μέλε;

ΛΥ. Τὸ τοῦ Φερεκράτους, κύνα δέρειν δεδαρμένην.
ΚΑ. Φλυαρία ταῦτ᾽ ἐστὶ τὰ μεμιμημένα.
Ἐὰν λαβόντες δ᾽ εἰς τὸ δωμάτιον βίᾳ 160
ἕλκωσιν ἡμᾶς; ΛΥ. Ἀντέχου σὺ τῶν θυρῶν.
ΚΑ. Ἐὰν δὲ τύπτωσιν; ΛΥ. Παρέχειν χρὴ κακὰ κακῶς·
οὐ γὰρ ἔνι τούτοις ἡδονὴ τοῖς πρὸς βίαν.
Κἄλλως ὀδυνᾶν χρή· κἀμέλει ταχέως πάνυ
ἀπεροῦσιν. Οὐ γὰρ οὐδέποτ᾽ εὐφρανθήσεται 165
ἀνήρ, ἐὰν μὴ τῇ γυναικὶ συμφέρῃ.
ΚΑ. Εἴ τοι δοκεῖ σφῷν ταῦτα, χἠμῖν ξυνδοκεῖ.
ΛΑ. Καὶ τὼς μὲν ἁμῶς ἄνδρας ἁμὲς πείσομες
παντᾶ δικαίως ἄδολον εἰράναν ἄγειν·
τὸν τῶν Ἀσαναίων γα μὰν ῥυάχετον 170
πᾶ κά τις ἀμπείσειεν αὖ μὴ πλαδδιῆν;
ΛΥ. Ἡμεῖς ἀμέλει σοι τά γε παρ᾽ ἡμῖν πείσομεν.
ΛΑ. Οὔχ, ἇς πόδας κ᾽ ἔχωντι ταὶ τριήρεες
καὶ τὠργύριον τὤβυσσον ᾖ πὰρ τᾷ σιῷ.
ΛΥ. Ἀλλ᾽ ἔστι καὶ τοῦτ᾽ εὖ παρεσκευασμένον· 175
καταληψόμεθα γὰρ τὴν ἀκρόπολιν τήμερον.
Ταῖς πρεσβυτάταις γὰρ προστέτακται τοῦτο δρᾶν,
ἕως ἂν ἡμεῖς ταῦτα συντιθώμεθα,
θύειν δοκούσαις καταλαβεῖν τὴν ἀκρόπολιν.
ΛΑ. Πάντ᾽ εὖ κ᾽ ἔχοι· καὶ τάδε γὰρ λέγεις καλῶς. 180
ΛΥ. Τί δῆτα ταῦτ᾽ οὐχ ὡς τάχιστα, Λαμπιτοῖ,
ξυνωμόσαμεν, ὅπως ἂν ἀρρήκτως ἔχῃ;
ΛΑ. Πάρφαινε μὰν τὸν ὅρκον, ὡς ὀμιόμεθα.
ΛΥ. Καλῶς λέγεις. Ποῦ 'σθ᾽ ἡ Σκύθαινα; Ποῖ βλέπεις;
Θὲς εἰς τὸ πρόσθεν ὑπτίαν τὴν ἀσπίδα, 185
καί μοι δότω τὰ τόμιά τις. ΚΑ. Λυσιστράτη,
τίν᾽ ὅρκον ὁρκώσεις ποθ᾽ ἡμᾶς; ΛΥ. Ὄντινα;
εἰς ἀσπίδ᾽, ὥσπερ, φασίν, Αἰσχύλος ποτέ,
μηλοσφαγούσας. ΚΑ. Μὴ σύ γ᾽, ὦ Λυσιστράτη,
εἰς ἀσπίδ᾽ ὀμόσῃς μηδὲν εἰρήνης πέρι. 190
ΛΥ. Τίς ἂν οὖν γένοιτ᾽ ἂν ὅρκος; ΚΑ. Εἰ λευκόν ποθεν
ἵππον λαβοῦσαι τόμιον ἐντεμοίμεθα ...
ΛΥ. Ποῖ λευκὸν ἵππον; ΚΑ. Ἀλλὰ πῶς ὀμούμεθα
ἡμεῖς; ΛΥ. Ἐγώ σοι νὴ Δί᾽, ἢν βούλῃ, φράσω.
Θεῖσαι μέλαιναν κύλικα μεγάλην ὑπτίαν, 195
μηλοσφαγοῦσαι Θάσιον οἴνου σταμνίον
ὀμόσωμεν εἰς τὴν κύλικα μὴ 'πιχεῖν ὕδωρ.
ΛΑ. Φεῦ δᾶ, τὸν ὅρκον ἄφατον ὡς ἐπαινίω.
ΛΥ. Φερέτω κύλικά τις ἔνδοθεν καὶ σταμνίον.

ΚΑ. *Ὦ φίλταται γυναῖκες, <ὁ> κεραμὼν ὅσος. 200
Ταύτην μὲν ἄν τις εὐθὺς ἠσθείη λαβών.
ΛΥ. Καταθεῖσα ταύτην προσλαβοῦ μοι τοῦ κάπρου.
Δέσποινα Πειθοῖ καὶ κύλιξ φιλοτησία,
τὰ σφάγια δέξαι ταῖς γυναιξὶν εὐμενής.
ΚΑ. Εὔχρων γε θαἶμα κἀποπυτίζει καλῶς. 205
ΛΑ. Καὶ μὰν ποτόδδει γ᾽ ἁδὺ ναὶ τὸν Κάστορα.
ΜΥ. Ἐᾶτε πρώτην μ᾽, ὦ γυναῖκες, ὀμνύναι.
ΚΑ. Μὰ τὴν Ἀφροδίτην οὔκ, ἐάν γε μὴ λάχῃς.
ΛΥ. Λάζυσθε πᾶσαι τῆς κύλικος, ὦ Λαμπιτοῖ·
λεγέτω δ᾽ ὑπὲρ ὑμῶν μἴ᾽ ἅπερ ἂν κἀγὼ λέγω· 210
ὑμεῖς δ᾽ ἐπομεῖσθε ταῦτα κἀμπεδώσετε.
Οὐκ ἔστιν οὐδεὶς οὔτε μοιχὸς οὔτ᾽ ἀνήρ—
ΚΑ. Οὐκ ἔστιν οὐδεὶς οὔτε μοιχὸς οὔτ᾽ ἀνήρ—
ΛΥ. ὅστις πρὸς ἐμὲ πρόσεισιν ἐστυκώς. Λέγε.
ΚΑ. ὅστις πρὸς ἐμὲ πρόσεισιν ἐστυκώς. Παπαῖ, 215
ὑπολύεταί μου τὰ γόνατ᾽, ὦ Λυσιστράτη.
ΛΥ. Οἴκοι δ᾽ ἀταυρώτη διάξω τὸν βίον—
ΚΑ. Οἴκοι δ᾽ ἀταυρώτη διάξω τὸν βίον—
ΛΥ. κροκωτοφοροῦσα καὶ κεκαλλωπισμένη—
ΚΑ. κροκωτοφοροῦσα καὶ κεκαλλωπισμένη— 220
ΛΥ. ὅπως ἂν ἀνὴρ ἐπιτυφῇ μάλιστά μου·—
ΚΑ. ὅπως ἂν ἀνὴρ ἐπιτυφῇ μάλιστά μου·—
ΛΥ. κοὐδέποθ᾽ ἑκοῦσα τἀνδρὶ τὠμῷ πείσομαι.
ΚΑ. κοὐδέποθ᾽ ἑκοῦσα τἀνδρὶ τὠμῷ πείσομαι.
ΛΥ. Ἐὰν δέ μ᾽ ἄκουσαν βιάζηται βίᾳ— 225
ΚΑ. ἐὰν δέ μ᾽ ἄκουσαν βιάζηται βίᾳ—
ΛΥ. κακῶς παρέξω κοὐχὶ προσκινήσομαι.
ΚΑ. κακῶς παρέξω κοὐχὶ προσκινήσομαι.
ΛΥ. Οὐ πρὸς τὸν ὄροφον ἀνατενῶ τὼ Περσικά.
ΚΑ. Οὐ πρὸς τὸν ὄροφον ἀνατενῶ τὼ Περσικά. 230
ΛΥ. Οὐ στήσομαι λέαιν᾽ ἐπὶ τυροκνήστιδος.
ΚΑ. Οὐ στήσομαι λέαιν᾽ ἐπὶ τυροκνήστιδος.
ΛΥ. Ταῦτ᾽ ἐμπεδοῦσα μὲν πίοιμ᾽ ἐντευθενί—
ΚΑ. Ταῦτ᾽ ἐμπεδοῦσα μὲν πίοιμ᾽ ἐντευθενί—
ΛΥ. εἰ δὲ παραβαίην, ὕδατος ἐμπλῇθ᾽ ἡ κύλιξ. 235
ΚΑ. εἰ δὲ παραβαίην, ὕδατος ἐμπλῇθ᾽ ἡ κύλιξ.
ΛΥ. Συνεπόμνυθ᾽ ὑμεῖς ταῦτα πᾶσαι;
ΠΑΣΑΙ
                                    Νὴ Δία.
ΛΥ. Φέρ᾽ ἐγὼ καθαγίσω τήνδε. ΚΑ. Τὸ μέρος γ᾽, ὦ φίλη,
ὅπως ἂν ὦμεν εὐθὺς ἀλλήλων φίλαι.

Aristophanes' Lysistrata 7

ΛΑ. Τίς ώλολυγά; ΛΥ. Τοῦτ' ἐκεῖν' οὑγὼ 'λεγον· 240
αἱ γὰρ γυναῖκες τὴν ἀκρόπολιν τῆς θεοῦ
ἤδη κατειλήφασιν. Ἀλλ', ὦ Λαμπιτοῖ,
σὺ μὲν βάδιζε καὶ τὰ παρ' ὑμῖν εὖ τίθει,
τασδὶ δ' ὁμήρους κατάλιφ' ἡμῖν ἐνθάδε.
Ἡμεῖς δὲ ταῖς ἄλλαισι ταῖσιν ἐν πόλει 245
ξυνεμβάλωμεν εἰσιοῦσαι τοὺς μοχλούς.
ΚΑ. Οὔκουν ἐφ' ἡμᾶς ξυμβοηθήσειν οἴει
τοὺς ἄνδρας εὐθύς; ΛΥ. Ὀλίγον αὐτῶν μοι μέλει.
Οὐ γὰρ τοσαύτας οὔτ' ἀπειλὰς οὔτε πῦρ
ἥξουσ' ἔχοντες ὥστ' ἀνοῖξαι τὰς πύλας 250
ταύτας, ἐὰν μὴ 'φ' οἷσιν ἡμεῖς εἴπομεν.
ΚΑ. Μὰ τὴν Ἀφροδίτην οὐδέποτέ γ'· ἄλλως γὰρ ἂν
ἄμαχοι γυναῖκες καὶ μιαραὶ κεκλήμεθ' ἄν.
ΧΟΡΟΣ ΓΕΡΟΝΤΩΝ
Χώρει, Δράκης, ἡγοῦ βάδην, εἰ καὶ τὸν ὦμον ἀλγεῖς
κορμοῦ τοσουτονὶ βάρος χλωρᾶς φέρων ἐλάας. 255

*Ἡ πόλλ' ἄελπτ' ἔνεστιν ἐν τῷ μακρῷ βίῳ,
φεῦ, [Str.] 256-257
ἐπεὶ τίς ἄν ποτ' ἤλπισ', ὦ Στρυμόδωρ',
ἀκοῦσαι 258-259
γυναῖκας, ἃς ἐβόσκομεν 260
κατ' οἶκον ἐμφανὲς κακόν,
κατὰ μὲν ἅγιον ἔχειν βρέτας
κατὰ τ' ἀκρόπολιν ἐμὴν λαβεῖν,
μοχλοῖς δὲ καὶ κλήθροισιν
τὰ προπύλαια πακτοῦν; 265

Ἀλλ' ὡς τάχιστα πρὸς πόλιν σπεύσωμεν, ὦ Φιλοῦργε,
ὅπως ἂν αὐταῖς ἐν κύκλῳ θέντες τὰ πρέμνα ταυτί,
ὅσαι τὸ πρᾶγμα τοῦτ' ἐνεστήσαντο καὶ μετῆλθον,
μίαν πυρὰν νήσαντες ἐμπρήσωμεν αὐτόχειρες
πάσας, ἀπὸ ψήφου μιᾶς, πρώτην δὲ τὴν Λύκωνος. 270

Οὐ γὰρ μὰ τὴν Δήμητρ' ἐμοῦ ζῶντος
ἐγχανοῦνται· [Ant.] 271-272
ἐπεὶ οὐδὲ Κλεομένης, ὃς αὐτὴν κατέσχε
πρῶτος, 273-274
ἀπῆλθεν ἀψάλακτος, ἀλλ' 275
ὅμως Λακωνικὸν πνέων
ᾤχετο θὤπλα παραδοὺς ἐμοί,

σμικρὸν ἔχων πάνυ τριβώνιον,
πεινῶν ῥυπῶν, ἀπαράτιλτος,
ἐξ ἐτῶν ἄλουτος. 280
Οὕτως ἐπολιόρκησ' ἐγὼ τὸν ἄνδρ' ἐκεῖνον ὠμῶς
ἐφ' ἑπτακαίδεκ' ἀσπίδων πρὸς ταῖς πύλαις καθεύδων.
Τασδὶ δὲ τὰς Εὐριπίδῃ θεοῖς τε πᾶσιν ἐχθρὰς
ἐγὼ οὐκ ἄρα σχήσω παρὼν τολμήματος τοσούτου;
Μή νυν ἔτ' ἐν <τῇ> τετραπόλει τοὐμὸν τροπαῖον
εἴη. 285

Ἀλλ' αὐτὸ γάρ μοι τῆς ὁδοῦ [Str.]
λοιπόν ἐστι χωρίον
τὸ πρὸς πόλιν τὸ σιμόν, οἷ σπουδὴν ἔχω.
Πῶς δή ποτ' ἐξαμπρεύσομεν
τοῦτ' ἄνευ κανθηλίου· 290
ὡς ἐμοῦ γε τὼ ξύλω τὸν ὦμον ἐξιπώκατον.
Ἀλλ' ὅμως βαδιστέον,
καὶ τὸ πῦρ φυσητέον,
μή μ' ἀποσβεσθὲν λάθῃ πρὸς τῇ τελευτῇ τῆς ὁδοῦ.
Φῦ φῦ. 295
Ἰοὺ ἰοὺ τοῦ καπνοῦ. 295

Ὡς δεινόν, ὦναξ Ἡράκλεις, [Ant.]
προσπεσόν μ' ἐκ τῆς χύτρας
ὥσπερ κύων λυττῶσα τὠφθαλμὼ δάκνει.
Κἄστιν γε Λήμνιον τὸ πῦρ
τοῦτο πάσῃ μηχανῇ· 300
οὐ γὰρ <ἄν> ποθ' ὧδ' ὀδὰξ ἔβρυκε τὰς λήμας ἐμοῦ.
Σπεῦδε πρόσθεν εἰς πόλιν
καὶ βοήθει τῇ θεῷ.
Ἢ πότ' αὐτῇ μᾶλλον ἢ νῦν, ὦ Λάχης, ἀρήξομεν;
Φῦ φῦ. 305
Ἰοὺ ἰοὺ τοῦ καπνοῦ. 305

Τουτὶ τὸ πῦρ ἐγρήγορεν θεῶν ἕκατι καὶ ζῇ.
Οὐκοῦν ἄν, εἰ τὼ μὲν ξύλω θείμεσθα πρῶτον αὐτοῦ,
τῆς ἀμπέλου δ' εἰς τὴν χύτραν τὸν φανὸν ἐγκαθέντες
ἄψαντες εἶτ' εἰς τὴν θύραν κριηδὸν ἐμπέσοιμεν,
κἂν μὴ καλούντων τοὺς μοχλοὺς χαλῶσιν αἱ
  γυναῖκες, 310

ἐμπιμπράναι χρὴ τὰς θύρας καὶ τῷ καπνῷ πιέζειν.
Θώμεσθα δὴ τὸ φορτίον. Φεῦ τοῦ καπνοῦ, βαβαιάξ.
Τίς ξυλλάβοιτ' ἂν τοῦ ξύλου τῶν ἐν Σάμῳ στρατηγῶν;
Ταυτὶ μὲν ἤδη τὴν ῥάχιν θλίβοντά μου πέπαυται.
Σὸν δ' ἔργον ἐστίν, ὦ χύρτα, τὸν ἄνθρακ'
ἐξεγείρειν, 315
τὴν λαμπάδ' ἡμμένην ὅπως πρὸ τῶνδ' ἐμοὶ προσοίσει.
Δέσποινα Νίκη, ξυγγενοῦ τῶν τ' ἐν πόλει γυναικῶν
τοῦ νῦν παρεστῶτος θράσους θέσθαι τροπαῖον ἡμᾶς.

ΧΟΡΟΣ ΓΥΝΑΙΚΩΝ
Λιγνὺν δοκῶ μοι καθορᾶν καὶ καπνόν, ὦ γυναῖκες,
ὥσπερ πυρὸς καομένου· σπευστέον ἐστὶ θᾶττον. 320

Πέτου πέτου, Νικοδίκη, [Str.]
πρὶν ἐμπεπρῆσθαι Καλύκην
τε καὶ Κρίτυλλαν περιφυσήτω
ὑπό τ' ἀνέμων ἀργαλέων 324–325
ὑπό τε γερόντων ὀλέθρων. 325
Ἀλλὰ φοβοῦμαι τόδε· μῶν ὑστερόπους βοηθῶ;
Νῦν δὴ γὰρ ἐμπλησαμένη τὴν ὑδρίαν κνεφαία
μόλις ἀπὸ κρήνης ὑπ' ὄχλου καὶ θορύβου καὶ πατάγου
χυτρείου, 328–329
δούλαισιν ὠστιζομένη 330
στιγματίαις θ', ἁρπαλέως
ἀραμένη, ταῖσιν ἐμαῖς
δημότισιν καομέναις
φέρουσ' ὕδωρ βοηθῶ.

Ἤκουσα γὰρ τυφογέρον- [Ant.] 335
τὰς ἄνδρας ἔρρειν, στελέχη
φέροντας ὥσπερ βαλανεύσοντας
εἰς πόλιν ὡς τριτάλαντα βάρος,
δεινότατ' ἀπειλοῦντας ἐπῶν
ὡς πυρὶ χρὴ τὰς μυσαρὰς γυναῖκας ἀνθρακεύειν. 340
Ἃς, ὦ θεά, μή ποτ' ἐγὼ πιμπραμένας ἴδοιμι,
ἀλλὰ πολέμου καὶ μανιῶν ῥυσαμένας Ἑλλάδα καὶ
πολίτας· 342–343
ἐφ' οἷσπερ, ὦ χρυσολόφα
πολιοῦχε, σὰς ἔσχον ἕδρας. 345
Καί σε καλῶ ξύμμαχον, ὦ

Τριτογένει', ἤν τις ἐκεί-
νας ὑποπιμπρῇσιν ἀνήρ,
φέρειν ὕδωρ μεθ' ἡμῶν.

Ἔασον, ὦ, τουτὶ τί ἦν; Ἄνδρες πονωπονηροί· 350
οὐ γάρ ποτ' ἂν χρηστοί γ' ἔδρων οὐδ' εὐσεβεῖς τάδ'
ἄνδρες.

Χ. ΓΕ. Τουτὶ τὸ πρᾶγμ' ἡμῖν ἰδεῖν ἀπροσδόκητον ἥκει·
ἑσμὸς γυναικῶν οὑτοσὶ θύρασιν αὖ βοηθεῖ.
Χ. ΓΥ. Τί βδύλλεθ' ἡμᾶς; Οὔ τί που πολλαὶ δοκοῦμεν εἶναι;
Καὶ μὴν μέρος γ' ἡμῶν ὁρᾶτ' οὔπω τὸ
μυριοστόν. 355
Χ. ΓΕ. Ὦ Φαιδρία, ταύτας λαλεῖν ἐάσομεν τοσαυτί;
Οὐ περικατᾶξαι τὸ ξύλον τύπτοντ' ἐχρῆν τιν' αὐταῖς;
Χ. ΓΥ. Θώμεσθα δὴ τὰς κάλπιδας χἠμεῖς χαμᾶζ', ὅπως ἄν,
ἤν προσφέρῃ τὴν χεῖρά τις, μὴ τοῦτό μ' ἐμποδίζῃ.
Χ. ΓΕ. Εἰ νὴ Δί' ἤδη τὰς γνάθους τούτων τις ἢ δὶς ἢ τρὶς 360
ἔκοψεν ὥσπερ Βουπάλου, φωνὴν ἂν οὐκ ἂν εἶχον.
Χ. ΓΥ. Καὶ μὴν ἰδού· παταξάτω τις. Στᾶσ' ἐγὼ παρέξω,
κοὐ μή ποτ' ἄλλη σου κύων τῶν ὄρχεων λάβηται.
Χ. ΓΕ. Εἰ μὴ σιωπήσει, θενών σου 'κκοκκιῶ τὸ γῆρας.
Χ. ΓΥ. Ἄψαι μόνον Στρατυλλίδος τῷ δακτύλῳ προσελθών. 365
Χ. ΓΕ. Τί δ', ἢν σποδῶ τοῖς κονδύλοις; Τί μ' ἐργάσει τὸ δεινόν;
Χ. ΓΥ. Βρύκουσά σου τοὺς πλεύμονας καὶ τἄντερ' ἐξαμήσω.
Χ. ΓΕ. Οὐκ ἔστ' ἀνὴρ Εὐριπίδου σοφώτερος ποιητής·
οὐδὲν γὰρ ὧδε θρέμμ' ἀναιδές ἐστιν ὡς γυναῖκες.
Χ. ΓΥ. Αἰρώμεθ' ἡμεῖς θοὔδατος τὴν κάλπιν, ὦ Ῥοδίππη. 370
Χ. ΓΕ. Τί δ', ὦ θεοῖς ἐχθρά, σὺ δεῦρ' ὕδωρ ἔχουσ' ἀφίκου;
Χ. ΓΥ. Τί δ' αὖ σὺ πῦρ, ὦ τύμβ', ἔχων; Ὡς σαυτὸν ἐμπυρεύσων;
Χ. ΓΕ. Ἐγὼ μὲν ἵνα νήσας πυρὰν τὰς σὰς φίλας ὑφάψω.
Χ. ΓΥ. Ἐγὼ δέ γ', ἵνα τὴν σὴν πυρὰν τούτῳ κατασβέσαιμι.
Χ. ΓΕ. Τοὐμὸν σὺ πῦρ κατασβέσεις; Χ. ΓΥ. Τοὔργον τάχ' αὐτὸ
δείξει. 375
Χ. ΓΕ. Οὐκ οἶδά σ' εἰ τῇδ' ὡς ἔχω τῇ λαμπάδι σταθεύσω.
Χ. ΓΥ. Εἰ ῥύμμα τυγχάνεις ἔχων, λουτρόν <γ'> ἐγὼ παρέξω.
Χ. ΓΕ. Ἐμοὶ σὺ λουτρόν, ὦ σαπρά; Χ. ΓΥ. Καὶ ταῦτα νυμφικόν
γε.
Χ. ΓΕ. Ἤκουσας αὐτῆς τοῦ θράσους; Χ. ΓΥ. Ἐλευθέρα γάρ εἰμι.
Χ. ΓΕ. Σχήσω σ' ἐγὼ τῆς νῦν βοῆς. Χ. ΓΥ. Ἀλλ' οὐκέθ'
ἡλιάζει. 380
Χ. ΓΕ. Ἔμπρησον αὐτῆς τὰς κόμας. Χ. ΓΥ. Σὸν ἔργον, ὠχελῷε.

Χ. ΓΕ. Οἴμοι τάλας. Χ. ΓΥ. Μῶν θερμὸν ἦν;
Χ. ΓΕ. Ποῖ θερμόν; Οὐ παύσει; Τί δρᾳς;
Χ. ΓΥ. Ἄρδω σ', ὅπως ἀμβλαστάνῃς.
Χ. ΓΕ. Ἀλλ' αὗός εἰμ' ἤδη τρέμων. 385
Χ. ΓΥ. Οὐκοῦν, ἐπειδὴ πῦρ ἔχεις, σὺ χλιανεῖς σεαυτόν.

ΠΡΟΒΟΥΛΟΣ
Ἆρ' ἐξέλαμψε τῶν γυναικῶν ἡ τρυφὴ
χὠ τυμπανισμὸς χοἰ πυκνοὶ Σαβάζιοι,
ὅ τ' Ἀδωνιασμὸς οὗτος οὑπὶ τῶν τεγῶν,
οὗ 'γώ ποτ' ὢν ἤκουον ἐν τἠκκλησίᾳ; 390
Ἔλεγεν ὁ μὴ ὥρασι μὲν Δημόστρατος
πλεῖν εἰς Σικελίαν, ἡ γυνὴ δ' ὀρχουμένη
"Αἰαῖ Ἄδωνιν" φησίν. Ὁ δὲ Δημόστρατος
ἔλεγεν ὁπλίτας καταλέγειν Ζακυνθίων,
ἡ δ' ὑποπεπωκυῖ' ἡ γυνὴ 'πὶ τοῦ τέγους 395
"Κόπτεσθ' Ἄδωνιν" φησίν. Ὁ δ' ἐβιάζετο,
ὁ θεοῖσιν ἐχθρὸς καὶ μιαρὸς Χολοζύγης.
Τοιαῦτ' ἀπ' αὐτῶν ἐστιν ἀκολαστήματα.
Χ. ΓΕ. Τί δῆτ' ἄν, εἰ πύθοιο καὶ τὴν τῶνδ' ὕβριν;
Αἲ τἄλλα θ' ὑβρίκασι κἀκ τῶν καλπίδων 400
ἔλουσαν ἡμᾶς, ὥστε θαἰματίδια
σείειν πάρεστιν ὥσπερ ἐνεουρηκότας.
ΠΡ. Νὴ τὸν Ποσειδῶ τὸν ἁλυκὸν δίκαιά γε.
Ὅταν γὰρ αὐτοὶ ξυμπονηρευώμεθα
ταῖσιν γυναιξὶ καὶ διδάσκωμεν τρυφᾶν, 405
τοιαῦτ' ἀπ' αὐτῶν βλαστάνει βουλεύματα.
Οἳ λέγομεν ἐν τῶν δημιουργῶν τοιαδί·
"Ὦ χρυσοχόε, τὸν ὅρμον ὃν ἐπεσκεύασας,
ὀρχουμένης μου τῆς γυναικὸς ἑσπέρας
ἡ βάλανος ἐκπέπτωκεν ἐκ τοῦ τρήματος. 410
Ἐμοὶ μὲν οὖν ἔστ' εἰς Σαλαμῖνα πλευστέα·
σὺ δ' ἢν σχολάσῃς, πάσῃ τέχνῃ πρὸς ἑσπέραν
ἐλθὼν ἐκείνῃ τὴν βάλανον ἐνάρμοσον."
Ἕτερος δέ τις πρὸς σκυτοτόμον ταδὶ λέγει
νεανίαν καὶ πέος ἔχοντ' οὐ παιδικόν· 415
"Ὦ σκυτοτόμε, μου τῆς γυναικὸς τοῦ ποδὸς
τὸ δακτυλίδιον πιέζει τὸ ζυγόν,
ἅθ' ἁπαλὸν ὄν· τοῦτ' οὖν σὺ τῆς μεσημβρίας
ἐλθὼν χάλασον, ὅπως ἂν εὐρυτέρως ἔχῃ."
Τοιαῦτ' ἀπήντηκ' εἰς τοιαυτὶ πράγματα, 420
ὅτ' ὢν ἐγὼ πρόβουλος, ἐκπορίσας ὅπως

κωπῆς ἔσονται, τἀργυρίου νυνὶ δέον,
ὑπὸ τῶν γυναικῶν ἀποκέκλεισμαι τῶν πυλῶν.
Ἀλλ' οὐδὲν ἔργον ἐστάναι. Φέρε τοὺς μοχλούς,
ὅπως ἂν αὐτὰς τῆς ὕβρεως ἐγὼ σχέθω. 425
Τί κέχηνας, ὦ δύστηνε; Ποῖ δ' αὖ σὺ βλέπεις,
οὐδὲν ποιῶν ἀλλ' ἢ καπηλεῖον σκοπῶν;
Οὐχ ὑποβαλόντες τοὺς μοχλοὺς ὑπὸ τὰς πύλας
ἐντεῦθεν ἐκμοχλεύσετ'; Ἐνθενδὶ δ' ἐγὼ
ξυνεκμοχλεύσω. ΛΥ. Μηδὲν ἐκμοχλεύετε· 430
ἐξέρχομαι γὰρ αὐτομάτη. Τί δεῖ μοχλῶν;
Οὐ γὰρ μοχλῶν δεῖ μᾶλλον ἢ νοῦ καὶ φρενῶν.
ΠΡ. Ἄληθες, ὦ μιαρὰ σύ; Ποῦ 'στι ὁ τοξότης;
Ξυλλάμβαν' αὐτὴν κὠπίσω τὼ χεῖρε δεῖ.
ΛΥ. Εἰ τἄρα νὴ τὴν Ἄρτεμιν τὴν χεῖρά μοι 435
ἄκραν προσοίσει, δημόσιος ὢν κλαύσεται.
ΠΡ. Ἔδεισας, οὗτος; Οὐ ξυναρπάσει μέσην
καὶ σὺ μετὰ τούτου κἀνύσαντε δήσετον;
ΚΑ. Εἰ τἄρα νὴ τὴν Πάνδροσον ταύτῃ μόνον
τὴν χεῖρ' ἐπιβαλεῖς, ἐπιχεσεῖ πατούμενος. 440
ΠΡ. Ἰδού γ' ἐπιχεσεῖ. Ποῦ 'στιν ἕτερος τοξότης;
Ταύτην προτέραν ξύνδησον, ὁτιὴ καὶ λαλεῖ.
ΜΥ. Εἰ τἄρα νὴ τὴν Φωσφόρον τὴν χεῖρ' ἄκραν
ταύτῃ προσοίσεις, κύαθον αἰτήσεις τάχα.
ΠΡ. Τουτὶ τί ἦν; Ποῦ τοξότης; Ταύτης ἔχου. 445
Παύσω τιν' ὑμῶν τῆσδ' ἐγὼ τῆς ἐξόδου.
ΛΥ. Εἰ τἄρα νὴ τὴν Ταυροπόλον ταύτῃ πρόσει,
ἐκκοκκιῶ σου τὰς στενοκωκύτους τρίχας.
ΠΡ. Οἴμοι κακοδαίμων· ἐπιλέλοιφ' ὁ τοξότης.
Ἀτὰρ οὐ γυναικῶν οὐδέποτ' ἔσθ' ἡττητέα 450
ἡμῖν· ὁμόσε χωρῶμεν αὐταῖς, ὦ Σκύθαι,
ξυνταξάμενοι. ΛΥ. Νὴ τὼ θεὼ γνώσεσθ' ἄρα
ὅτι καὶ παρ' ἡμῖν εἰσι τέτταρες λόχοι
μαχίμων γυναικῶν ἔνδον ἐξωπλισμένων.
ΠΡ. Ἀποστρέφετε τὰς χεῖρας αὐτῶν, ὦ Σκύθαι. 455
ΛΥ. Ὦ ξύμμαχοι γυναῖκες, ἐκθεῖτ' ἔνδοθεν,
ὦ σπερμαγοραιολεκιθολαχανοπώλιδες,
ὦ σκοροδοπανδοκευτριαρτοπώλιδες,
οὐχ ἕλξετ', οὐ παιήσετ', οὐκ ἀράξετε,
οὐ λοιδορήσετ', οὐκ ἀναισχυντήσετε; 460
Παύσασθ', ἐπαναχωρεῖτε, μὴ σκυλεύετε.
ΠΡ. Οἴμ' ὡς κακῶς πέπραγέ μου τὸ τοξικόν.
ΛΥ. Ἀλλὰ τί γὰρ ᾤου; Πότερον ἐπὶ δούλας τινὰς

ἥκειν ἐνόμισας, ἢ γυναιξὶν οὐκ οἴει
χολὴν ἐνεῖναι; ΠΡ. Νὴ τὸν Ἀπόλλω καὶ μάλα 465
πολλήν γ', ἐάνπερ πλησίον κάπηλος ᾖ.

Χ. ΓΕ. *Ω πόλλ' ἀναλώσας ἔπη πρόβουλε τῆσδε <τῆς> γῆς,
τί τοῖσδε σαυτὸν εἰς λόγους τοῖς θηρίοις ξυνάπτεις;
Οὐκ οἶσθα λουτρὸν οἷον αἵδ' ἡμᾶς ἔλουσαν ἄρτι
ἐν τοῖσιν ἱματιδίοις, καὶ ταῦτ' ἄνευ κονίας; 470

Χ. ΓΥ. Ἀλλ', ὦ μέλ', οὐ χρὴ προσφέρειν τοῖς πλησίοισιν εἰκῇ
τὴν χεῖρ'· ἐὰν δὲ τοῦτο δρᾷς, κυλοιδιᾶν ἀνάγκη.
Ἐπεὶ 'θέλω 'γὼ σωφρόνως ὥσπερ κόρη καθῆσθαι,
λυποῦσα μηδέν' ἐνθαδί, κινοῦσα μηδὲ κάρφος,
ἢν μή τις ὥσπερ σφηκιὰν βλίττῃ με κἀρεθίζῃ. 475

Χ. ΓΕ. *Ω Ζεῦ, τί ποτε χρησόμεθα τοῖσδε τοῖς
κνωδάλοις; [Str.] 476-477
Οὐ γὰρ ἔτ' ἀνεκτὰ τάδε γ', ἀλλὰ βασανιστέον
τόδε σοι τὸ πάθος μετ' ἐμοῦ,
ὅ τι βουλόμεναί ποτε τὴν 480
Κραναὰν κατέλαβον, ἐφ' ὅ τι τε
μεγαλόπετρον, ἄβατον ἀκρόπολιν,
ἱερὸν τέμενος.

Ἀλλ' ἀνερώτα καὶ μὴ πείθου καὶ πρόσφερε πάντας
ἐλέγχους·
ὡς αἰσχρὸν ἀκωδώνιστον ἐᾶν τὸ τοιοῦτον πρᾶγμα
μεθέντας. 485
ΠΡ. Καὶ μὴν αὐτῶν τοῦτ' ἐπιθυμῶ νὴ τὸν Δία πρῶτα πυθέσθαι,
ὅ τι βουλόμεναι τὴν πόλιν ἡμῶν ἀπεκλείσατε τοῖσι
μοχλοῖσιν.
ΛΥ. Ἵνα τἀργύριον σῶν παρέχοιμεν καὶ μὴ πολεμοῖτε δι' αὐτό.
ΠΡ. Διὰ τἀργύριον πολεμοῦμεν γάρ; ΛΥ. Καὶ τἆλλα γε πάντ'
ἐκυκήθη.
Ἵνα γὰρ Πείσανδρος ἔχοι κλέπτειν χοἰ ταῖς ἀρχαῖς
ἐπέχοντες 490
ἀεί τινα κορκορυγὴν ἐκύκων. Οἱ δ' οὖν τοῦδ' οὕνεκα
δρώντων
ὅ τι βούλονται· τὸ γὰρ ἀργύριον τοῦτ' οὐκέτι μὴ καθέλωσιν.
ΠΡ. Ἀλλὰ τί δράσεις; ΛΥ. Τοῦτό μ' ἐρωτᾷς; Ἡμεῖς
ταμιεύσομεν αὐτό.
ΠΡ. Ὑμεῖς ταμιεύσετε τἀργύριον; ΛΥ. Τί <δὲ> δεινὸν τοῦτο
νομίζεις;
Οὐ καὶ τἄνδον χρήματα πάντως ἡμεῖς ταμιεύομεν
ὑμῖν; 495

ΠΡ. Ἀλλ' οὐ ταὐτόν. ΛΥ. Πῶς οὐ ταὐτόν; ΠΡ. Πολεμητέον
ἔστ' ἀπὸ τούτου.
ΛΥ. Ἀλλ' οὐδὲν δεῖ πρῶτον πολεμεῖν. ΠΡ. Πῶς γὰρ
σωθησόμεθ' ἄλλως;
ΛΥ. Ἡμεῖς ὑμᾶς σώσομεν. ΠΡ. Ὑμεῖς; ΛΥ. Ἡμεῖς μέντοι.
ΠΡ. Σχέτλιόν γε.
ΛΥ. Ὡς σωθήσει, κἂν μὴ βούλῃ. ΠΡ. Δεινόν <γε> λέγεις.
ΛΥ. Ἀγανακτεῖς,
ἀλλὰ ποιητέα ταῦτ' ἐστὶν ὅμως. ΠΡ. Νὴ τὴν Δήμητρ'
ἄδικόν γε. 500
ΛΥ. Σωστέον, ὦ τᾶν. ΠΡ. Κεἰ μὴ δέομαι; ΛΥ. Τοῦδ' οὕνεκα
καὶ πολὺ μᾶλλον.
ΠΡ. Ὑμῖν δὲ πόθεν περὶ τοῦ πολέμου τῆς τ' εἰρήνης ἐμέλησεν;
ΛΥ. Ἡμεῖς φράσομεν. ΠΡ. Λέγε δὴ ταχέως, ἵνα μὴ κλάῃς.
ΛΥ. Ἀκροῶ δή,
καὶ τὰς χεῖρας πειρῶ κατέχειν. ΠΡ. Ἀλλ' οὐ δύναμαι·
χαλεπὸν γὰρ
ὑπὸ τῆς ὀργῆς αὐτὰς ἴσχειν. ΚΑ. Κλαύσει τοίνυν πολὺ
μᾶλλον. 505
ΠΡ. Τοῦτο μέν, ὦ γραῦ, σαυτῇ κρώξαις. Σὺ δέ μοι λέγε.
ΛΥ. Ταῦτα ποήσω.
Ἡμεῖς τὸν μὲν πρότερον πόλεμον καὶ χρόνον ἠνεσχόμεθ'
<ὑμῶν>
ὑπὸ σωφροσύνης τῆς ἡμετέρας τῶν ἀνδρῶν ἅττ' ἐποεῖτε·
—οὐ γὰρ γρύζειν εἶαθ' ἡμᾶς,—καίτοὐκ ἠρέσκετέ γ' ἡμᾶς.
Ἀλλ' ᾐσθανόμεσθα καλῶς ὑμῶν, καὶ πολλάκις ἔνδον ἂν
οὖσαι 510
ἠκούσαμεν ἄν τι κακῶς ὑμᾶς βουλευσαμένους μέγα
πρᾶγμα·
εἶτ' ἀλγοῦσαι τἄνδοθεν ὑμᾶς ἐπανηρόμεθ' ἂν γελάσασαι
"Τί βεβούλευται περὶ τῶν σπονδῶν ἐν τῇ στήλῃ
παραγράψαι
ἐν τῷ δήμῳ τήμερον ὑμῖν;"—"Τί δὲ σοὶ τοῦτ';" ἦ δ' ὃς ἂν
ἀνήρ·
"οὐ σιγήσει;"—κἀγὼ 'σίγων. ΚΑ. Ἀλλ' οὐκ ἂν ἐγώ ποτ'
ἐσίγων. 515
ΠΡ. Κἂν ᾤμωζές γ', εἰ μὴ 'σίγας. ΛΥ. Τοιγὰρ <ἔγωγ'> ἔνδον
ἐσίγων.
<Ἑτέρου δ'> ἕτερόν τι πονηρότερον βούλευμ' ἐπεπύσμεθ'
ἂν ὑμῶν·
εἶτ' ἠρόμεθ' ἄν· "Πῶς ταῦτ', ὦνερ, διαπράττεσθ' ὧδ'
ἀνοήτως;"

Ὁ δέ μ' εὐθὺς ὑποβλέψας <ἂν> ἔφασκ', εἰ μὴ τὸν
στήμονα νήσω,
ὀτοτύξεσθαι μακρὰ τὴν κεφαλήν· "πόλεμος δ' ἄνδρεσσι
μελήσει." 520
ΠΡ. Ὀρθῶς γε λέγων νὴ Δί' ἐκεῖνος. ΛΥ. Πῶς ὀρθῶς, ὦ
κακόδαιμον,
εἰ μηδὲ κακῶς βουλευομένοις ἐξῆν ὑμῖν ὑποθέσθαι;
Ὅτε δὴ δ' ὑμῶν ἐν ταῖσιν ὁδοῖς φανερῶς ἠκούομεν ἤδη·
"Οὐκ ἔστιν ἀνὴρ ἐν τῇ χώρᾳ." — "Μὰ Δί' οὐ δῆτ'," εἰφ'
ἕτερός τις, —
μετὰ ταῦθ' ἡμῖν εὐθὺς ἔδοξεν σῶσαι τὴν Ἑλλάδα
κοινῇ 525
ταῖσι γυναιξὶν συλλεχθείσαις. Ποῖ γὰρ καὶ χρῆν ἀναμεῖναι;
Ἢν οὖν ἡμῶν χρηστὰ λεγουσῶν ἐθελήσητ' ἀντακροᾶσθαι
κἀντισιωπᾶν ὥσπερ χἠμεῖς, ἐπανορθώσαιμεν ἂν ὑμᾶς.
ΠΡ. Ὑμεῖς ἡμᾶς; Δεινόν γε λέγεις κοὐ τλητὸν ἔμοιγε.
ΛΥ. Σιώπα.
ΠΡ. Σοί γ', ὦ κατάρατε, σιωπῶ 'γώ, καὶ ταῦτα κάλυμμα
φορούσῃ 530
περὶ τὴν κεφαλήν; Μή νυν ζῴην. ΛΥ. Ἀλλ' εἰ τοῦτ'
ἐμπόδιόν σοι,
παρ' ἐμοῦ τουτὶ τὸ κάλυμμα λαβὼν
ἔχε καὶ περίθου περὶ τὴν κεφαλήν,
κᾆτα σιώπα.
ΚΑ. Καὶ τουτονγὶ τὸν καλαθίσκον. 535
Κᾆτα ξαίνειν ξυζωσάμενος
κυάμους τρώγων·
πόλεμος δὲ γυναιξὶ μελήσει.
Χ. ΓΥ. Ἀπαίρετ', ὦ γυναῖκες, ἀπὸ τῶν καλπίδων, ὅπως ἂν
ἐν τῷ μέρει χἠμεῖς τι ταῖς φίλαισι συλλάβωμεν. 540

Ἔγωγε γὰρ ἂν οὔποτε κάμοιμ' ἂν ὀρχουμένη, [Ant.]
οὐδὲ γόνατ' ἂν κόπος ἕλοι με καματήριος.
Ἐθέλω δ' ἐπὶ πᾶν ἰέναι
μετὰ τῶνδ' ἀρετῆς ἕνεχ', αἷς
ἔνι φύσις, ἔνι χάρις, ἔνι θράσος, 545
ἔνι τὸ σοφόν, ἔνι <δὲ> φιλόπολις
ἀρετὴ φρόνιμος.

Ἀλλ', ὦ τηθῶν ἀνδρειοτάτη καὶ μητριδίων
ἀκαληφῶν, 549
χωρεῖτ' ὀργῇ καὶ μὴ τέγγεσθ'· ἔτι γὰρ νῦν οὔρια
θεῖτε. 550

ΛΥ. Ἀλλ' ἤνπερ ὅ <τε> γλυκύθυμος Ἔρως χἠ Κυπρογένει'
Ἀφροδίτη
ἵμερον ἡμῶν κατὰ τῶν κόλπων καὶ τῶν μηρῶν καταπνεύσῃ,
κᾆτ' ἐντέξῃ τέτανον τερπνὸν τοῖς ἀνδράσι καὶ
ῥοπαλισμούς,
οἶμαί ποτε Λυσιμάχας ἡμᾶς ἐν τοῖς Ἕλλησι καλεῖσθαι.
ΠΡ. Τί ποησάσας; ΛΥ. Ἢν παύσωμεν πρώτιστον μὲν ξὺν
ὅπλοισιν 555
ἀγοράζοντας καὶ μαινομένους. ΚΑ. Νὴ τὴν Παφίαν
Ἀφροδίτην.
ΛΥ. Νῦν μὲν γὰρ δὴ κἀν ταῖσι χύτραις καὶ τοῖς λαχάνοισιν
ὁμοίως
περιέρχονται κατὰ τὴν ἀγορὰν ξὺν ὅπλοις ὥσπερ
Κορύβαντες.
ΠΡ. Νὴ Δία· χρὴ γὰρ τοὺς ἀνδρείους. ΛΥ. Καὶ μὴν τό γε
πρᾶγμα γέλοιον,
ὅταν ἀσπίδ' ἔχων καὶ Γοργόνα τις κᾆτ' ὠνῆται
κορακίνους. 560
ΚΑ. Νὴ Δί' ἐγὼ γοῦν ἄνδρα κομήτην φυλαρχοῦντ' εἶδον ἐφ'
ἵππου
εἰς τὸν χαλκοῦν ἐμβαλλόμενον πῖλον λέκιθον παρὰ γραός·
ἕτερος δ' αὖ Θρᾷξ πέλτην σείων κἀκόντιον ὥσπερ ὁ
Τηρεύς,
ἐδεδίττετο τὴν ἰσχαδόπωλιν καὶ τὰς δρυπεπεῖς κατέπινεν.
ΠΡ. Πῶς οὖν ὑμεῖς δύναται παῦσαι τεταραγμένα πράγματα
πολλὰ 565
ἐν ταῖς χώραις καὶ διαλῦσαι; ΛΥ. Φαύλως πάνυ.
ΠΡ. Πῶς; Ἀπόδειξον.
ΛΥ. Ὥσπερ κλωστῆρ', ὅταν ἡμῖν ᾖ τεταραγμένος, ὧδε
λαβοῦσαι,
ὑπενεγκοῦσαι τοῖσιν ἀτράκτοις τὸ μὲν ἐνταυθοῖ, τὸ δ'
ἐκεῖσε,
οὕτως καὶ τὸν πόλεμον τοῦτον διαλύσομεν, ἤν τις ἐάσῃ,
διενεγκοῦσαι διὰ πρεσβειῶν τὸ μὲν ἐνταυθοῖ, τὸ δ'
ἐκεῖσε. 570
ΠΡ. Ἐξ ἐρίων δὴ καὶ κλωστήρων καὶ ἀτράκτων πράγματα δεινὰ
παύσειν οἴεσθ'; Ὡς ἀνόητοι. ΛΥ. Κἂν ὑμῖν γ' εἴ τις ἐνῆν
νοῦς,
ἐκ τῶν ἐρίων τῶν ἡμετέρων ἐπολιτεύεσθ' ἂν ἅπαντα.
ΠΡ. Πῶς δή; Φέρ' ἴδω. ΛΥ. Πρῶτον μὲν χρῆν, ὥσπερ πόκον, ἐν
βαλανείῳ

ἐκπλύναντας τὴν οἰσπώτην ἐκ τῆς πόλεως, ἐπὶ
κλίνης 575
ἐκραβδίζειν τοὺς μοχθηροὺς καὶ τοὺς τριβόλους ἀπολέξαι,
καὶ τούς γε συνισταμένους τούτους καὶ τοὺς πιλοῦντας
ἑαυτοὺς
ἐπὶ ταῖς ἀρχαῖσι διαξῆναι καὶ τὰς κεφαλὰς ἀποτῖλαι·
εἶτα ξαίνειν εἰς καλαθίσκον κοινὴν εὔνοιαν ἄπαντας
καταμειγνύντας· τούς τε μετοίκους κεἴ τις ξένος ᾖ φίλος
ὑμῖν, 580
κεἴ τις ὀφείλῃ τῷ δημοσίῳ, καὶ τούτους ἐγκαταμεῖξαι·
καὶ νὴ Δία τάς γε πόλεις, ὁπόσαι τῆς γῆς τῆσδ' εἰσὶν
ἄποικοι,
διαγιγνώσκειν ὅτι ταῦθ' ἡμῖν ὥσπερ τὰ κατάγματα κεῖται
χωρὶς ἕκαστον· κᾆτ' ἀπὸ τούτων πάντων τὸ κάταγμα
λαβόντας
δεῦρο ξυνάγειν καὶ ξυναθροίζειν εἰς ἕν, κἄπειτα
ποῆσαι 585
τολύπην μεγάλην κᾆτ' ἐκ ταύτης τῷ δήμῳ χλαῖναν ὑφῆναι.
ΠΡ. Οὔκουν δεινὸν ταυτὶ ταύτας ῥαβδίζειν καὶ τολυπεύειν,
αἷς οὐδὲ μετῆν πάνυ τοῦ πολέμου; ΛΥ. Καὶ μήν, ὦ
παγκατάρατε,
πλεῖν ἤ γε διπλοῦν αὐτὸν φέρομεν. Πρώτιστον μέν γε
τεκοῦσαι
κἀκπέμψασαι παῖδας ὁπλίτας— ΠΡ. Σίγα, μὴ
μνησικακήσῃς. 590
ΛΥ. εἶθ' ἡνίκα χρῆν εὐφρανθῆναι καὶ τῆς ἥβης ἀπολαῦσαι,
μονοκοιτοῦμεν διὰ τὰς στρατιάς. Καὶ θἠμέτερον μὲν ἐάσω,
περὶ τῶν δὲ κορῶν ἐν τοῖς θαλάμοις γηρασκουσῶν ἀνιῶμαι.
ΠΡ. Οὔκουν χἄνδρες γηράσκουσιν; ΛΥ. Μὰ Δί' ἀλλ' οὐκ εἶπας
ὅμοιον.
Ὁ μὲν ἥκων γάρ, κἂν ᾖ πολιός, ταχὺ παῖδα κόρην
γεγάμηκεν· 595
τῆς δὲ γυναικὸς μικρὸς ὁ καιρός, κἂν τούτου μὴ 'πιλάβηται,
οὐδεὶς ἐθέλει γῆμαι ταύτην, ὀττευομένη δὲ κάθηται.
ΠΡ. Ἀλλ' ὅστις ἔτι στῦσαι δυνατός—
ΛΥ. Σὺ δὲ δὴ τί μαθὼν οὐκ ἀποθνῄσκεις;
Χωρίον ἐστίν· σορὸν ὠνήσει· 600
μελιτοῦτταν ἐγὼ καὶ δὴ μάξω.
Λαβὲ ταυτὶ καὶ στεφάνωσαι.
ΚΑ. Καὶ ταυτασὶ δέξαι παρ' ἐμοῦ.
ΜΥ. Καὶ τουτονγὶ λαβὲ τὸν στέφανον.

ΛΥ. Τοῦ δεῖ; Τί ποθεῖς; Χώρει 'ς τὴν ναῦν· 605
ὁ Χάρων σε καλεῖ,
σὺ δὲ κωλύεις ἀνάγεσθαι.
ΠΡ. Εἶτ' οὐχὶ δεινὸν ταῦτα πάσχειν ἔστ' ἐμέ;
Νὴ τὸν Δί' ἀλλὰ τοῖς προβούλοις ἄντικρυς
ἐμαυτὸν ἐπιδείξω βαδίζων ὡς ἔχω. 610
ΛΥ. Μῶν ἐγκαλεῖς ὅτι οὐχὶ προὐθέμεσθά σε;
Ἀλλ' εἰς τρίτην γοῦν ἡμέραν σοι πρῲ πάνυ
ἥξει παρ' ἡμῶν τὰ τρίτ' ἐπεσκευασμένα.

Χ. ΓΕ. Οὐκέτ' ἔργον ἐγκαθεύδειν ὅστις ἔστ' ἐλεύθερος. [Str.]
Ἀλλ' ἐπαποδυώμεθ', ὦνδρες, τουτῳὶ τῷ πράγματι. 615
Ἤδη γὰρ ὄζειν ταδὶ πλειόνων
καὶ μειζόνων πραγμάτων μοι δοκεῖ,
καὶ μάλιστ' ὀσφραίνομαι τῆς Ἱππίου
τυραννίδος· 618-619
καὶ πάνυ δέδοικα μὴ τῶν Λακώνων τινὲς 620
δεῦρο συνεληλυθότες ἄνδρες εἰς Κλεισθένους 621-622
τὰς θεοῖς ἐχθρὰς γυναῖκας ἐξεπάρωσιν δόλῳ
καταλαβεῖν τὰ χρήμαθ' ἡμῶν τόν τε μισθόν,
ἔνθεν ἔζων ἐγώ. 625

Δεινὰ γάρ τοι τάσδε γ' ἤδη τοὺς πολίτας νουθετεῖν,
καὶ λαλεῖν γυναῖκας οὔσας ἀσπίδος χαλκῆς πέρι,
καὶ διαλλάττειν πρὸς ἡμᾶς ἀνδράσιν Λακωνικοῖς,
οἷσι πιστὸν οὐδὲν εἰ μή περ λύκῳ κεχηνότι.
Ἀλλὰ ταῦθ' ὕφηναν ἡμῖν, ὦνδρες, ἐπὶ τυραννίδι. 630
Ἀλλ' ἐμοῦ μὲν οὐ τυραννεύσουσ', ἐπεὶ φυλάξομαι
καὶ "φορήσω τὸ ξίφος" τὸ λοιπὸν "ἐν μύρτου κλαδί,"
ἀγοράσω τ' ἐν τοῖς ὅπλοις ἑξῆς Ἀριστογείτονι,
ὧδέ θ' ἑστήξω παρ' αὐτόν· αὐτὸ γάρ μοι γίγνεται
τῆς θεοῖς ἐχθρᾶς πατάξαι τῆσδε γραὸς τὴν γνάθον. 635

Χ. ΓΥ. Οὐκ ἄρ' εἰσιόντα σ' οἴκαδ' ἡ τεκοῦσα γνώσεται. [Ant.]
Ἀλλὰ θώμεσθ', ὦ φίλαι γρᾶες, ταδὶ πρῶτον χαμαί.
Ἡμεῖς γάρ, ὦ πάντες ἀστοί, λόγων
κατάρχομεν τῇ πόλει χρησίμων·
εἰκότως, ἐπεὶ χλιδῶσαν ἀγλαῶς ἔθρεψέ με· 640
Ἑπτὰ μὲν ἔτη γεγῶσ' εὐθὺς ἠρρηφόρουν· 641-642
εἶτ' ἀλετρὶς ἦ δεκέτις οὖσα τἀρχηγέτι· 643-644
καὶ χέουσα τὸν κροκωτὸν ἄρκτος ἦ Βραυρωνίοις· 645
κἀκανηφόρουν ποτ' οὖσα παῖς καλὴ 'χουσ'
ἰσχάδων ὁρμαθόν.

Ἀρα προὐφείλω τι χρηστὸν τῇ πόλει παραινέσαι;
Εἰ δ' ἐγὼ γυνὴ πέφυκα, τοῦτο μὴ φθονεῖτέ μοι,
ἢν ἀμείνω γ' εἰσενέγκω τῶν παρόντων πραγμάτων. 650
Τοὐράνου γάρ μοι μέτεστι· καὶ γὰρ ἄνδρας εἰσφέρω.
Τοῖς δὲ δυστήνοις γέρουσιν οὐ μέτεσθ' ὑμῖν, ἐπεὶ
τὸν ἔρανον τὸν λεγόμενον παππῷον ἐκ τῶν Μηδικῶν
εἶτ' ἀναλώσαντες οὐκ ἀντεισφέρετε τὰς εἰσφοράς,
ἀλλ' ὑφ' ὑμῶν διαλυθῆναι προσέτι κινδυνεύομεν. 655
Ἀρα γρυκτόν ἐστιν ὑμῖν; Εἰ δὲ λυπήσεις τί με,
τῷδέ σ' ἀψήκτῳ πατάξω τῷ κοθόρνῳ τὴν γνάθον.

Χ. ΓΕ. Ταῦτ' οὖν οὐχ ὕβρις τὰ πράγματ' [Str.]
ἐστὶ πολλή; κἀπιδώσειν
μοι δοκεῖ τὸ χρῆμα μᾶλλον. 660
Ἀλλ' ἀμυντέον τὸ πρᾶγμ' ὅστις γ' ἐνόρχης ἔστ' ἀνήρ.
Ἀλλὰ τὴν ἐξωμίδ' ἐκδυώμεθ', ὡς τὸν ἄνδρα δεῖ
ἀνδρὸς ὄζειν εὐθύς, ἀλλ' οὐκ ἐντεθριῶσθαι πρέπει.
Ἀλλ' ἄγετε λευκόποδες, οἵπερ ἐπὶ
Λειψύδριον ἤλθομεν ὅτ' ἦμεν ἔτι, 665
νῦν δεῖ, νῦν ἀνηβῆσαι πάλιν κἀναπτερῶσαι 666-669
πᾶν τὸ σῶμα κἀποσείσασθαι τὸ γῆρας τόδε. 670

Εἰ γὰρ ἐνδώσει τις ἡμῶν ταῖσδε κἂν σμικρὰν
λαβήν, 671-672
οὐδὲν ἐλλείψουσιν αὗται λιπαροῦς χειρουργίας,
ἀλλὰ καὶ ναῦς τεκτανοῦνται, κἀπιχειρήσουσ' ἔτι
ναυμαχεῖν καὶ πλεῖν ἐφ' ἡμᾶς, ὥσπερ Ἀρτεμισία. 675
Ἢν δ' ἐφ' ἱππικὴν τράπωνται, διαγράφω τοὺς ἱππέας·
ἱππικώτατον γάρ ἐστι χρῆμα κἄποχον γυνή,
κοὐκ ἂν ἀπολίσθοι τρέχοντος. Τὰς Ἀμαζόνας σκόπει,
ἃς Μίκων ἔγραψ' ἐφ' ἵππων μαχομένας τοῖς ἀνδράσιν.
Ἀλλὰ τούτων χρῆν ἁπασῶν εἰς τετρημένον ξύλον 680
ἐγκαθαρμόσαι λαβόντας τουτονὶ τὸν αὐχένα.

Χ. ΓΥ. Εἰ νὴ τὼ θεώ με ζωπυ- [Ant.]
ρήσεις, λύσω τὴν ἐμαυτῆς
ὗν ἐγὼ δή, καὶ ποήσω
τήμερον τοὺς δημότας βωστρεῖν σ' ἐγὼ
πεκτούμενον. 685
Ἀλλὰ χἠμεῖς, ὦ γυναῖκες, θᾶττον ἐκδυώμεθα,
ὡς ἂν ὄζωμεν γυναικῶν αὐτοδὰξ ὠργισμένων.
Νῦν πρὸς ἔμ' ἴτω τις, ἵνα μήποτε φά- 688-689
γῃ σκόροδα, μηδὲ κυάμους μέλανας. 690

Ὡς εἰ καὶ μόνον κακῶς ἐρεῖς,—ὑπερχολῶ
   γάρ,— 691-694
αἰετὸν τίκτοντα κάνθαρός σε μαιεύσομαι. 695

Οὐ γὰρ ὑμῶν φροντίσαιμ' ἄν, ἢν ἐμοὶ ζῇ Λαμπιτὼ
ἥ τε Θηβαία φίλη παῖς εὐγενὴς Ἰσμηνία.
Οὐ γὰρ ἔσται δύναμις, οὐδ' ἢν ἑπτάκις σὺ ψηφίσῃ,
ὅστις, ὦ δύστην', ἀπήχθου πᾶσι καὶ τοῖς γείτοσιν.
Ὥστε κἀχθὲς θἠκάτῃ ποιοῦσα παιγνίαν ἐγὼ 700
ταῖσι παισὶ τὴν ἑταίραν ἐκάλεσ' ἐκ τῶν γειτόνων,
παῖδα χρηστὴν κἀγαπητὴν ἐκ Βοιωτῶν ἔγχελυν,
οἱ δὲ πέμψειν οὐκ ἔφασκον διὰ τὰ σὰ ψηφίσματα.
Κοὐχὶ μὴ παύσησθε τῶν ψηφισμάτων τούτων, πρὶν ἂν
τοῦ σκέλους ὑμᾶς λαβών τις ἐκτραχηλίσῃ φέρων. 705

  Ἄνασσα πράγους τοῦδε καὶ βουλεύματος,
  τί μοι σκυθρωπὸς ἐξελήλυθας δόμων;
ΛΥ. Κακῶν γυναικῶν ἔργα καὶ θήλεια φρὴν
  ποεῖ μ' ἄθυμον περιπατεῖν ἄνω κάτω.
Χ. ΓΥ. Τί φῄς; Τί φῄς;   ΛΥ. Ἀληθῆ, ἀληθῆ. 710
Χ. ΓΥ. Τί δ' ἐστὶ δεινόν; Φράζε ταῖς σαυτῆς φίλαις. 711-712
ΛΥ. Ἀλλ' αἰσχρὸν εἰπεῖν καὶ σιωπῆσαι βαρύ.
Χ. ΓΥ. Μή νύν με κρύψῃς ὅ τι πεπόνθαμεν κακόν.
ΛΥ. Βινητιῶμεν, ᾗ βράχιστον τοῦ λόγου. 715
Χ. ΓΥ. Ἰὼ Ζεῦ.
ΛΥ. Τί Ζῆν' ἀυτεῖς; Ταῦτα δ' οὖν οὕτως ἔχει.
  Ἐγὼ μὲν οὖν αὐτὰς ἀποσχεῖν οὐκέτι
  οἵα τ' ἀπὸ τῶν ἀνδρῶν· διαδιδράσκουσι γάρ.
  Τὴν μέν γε πρώην διαλέγουσαν τὴν ὀπὴν 720
  κατέλαβον ᾗ τοῦ Πανός ἐστι ταὐλίον,
  τὴν δ' ἐκ τροχιλείας αὖ κατειλυσπωμένην,
  ἀπαυτομολοῦσαν· τὴν δ' ἐπὶ στρούθου μίαν
  ἤδη πέτεσθαι διανοουμένην κάτω
  εἰς Ὀρσιλόχου χθὲς τῶν τριχῶν κατέσπασα. 725
  Πάσας τε προφάσεις ὥστ' ἀπελθεῖν οἴκαδε
  ἕλκουσιν. Ἡδὶ γοῦν τις αὐτῶν ἔρχεται.
  Αὕτη σύ, ποῖ θεῖς;
ΓΥΝΗ Α'
            Οἴκαδ' ἐλθεῖν βούλομαι.
  Οἴκοι γάρ ἐστιν ἔριά μοι Μιλήσια
  ὑπὸ τῶν σέων κατακοπτόμενα.   ΛΥ. Ποίων σέων; 730
  Οὐκ εἶ πάλιν;   ΓΥ. Α' Ἀλλ' ἥξω ταχέως νὴ τὼ θεὼ

Aristophanes' Lysistrata 21

ὅσον διαπετάσασ' ἐπὶ τῆς κλίνης μόνον.
ΛΥ. Μὴ διαπετάννυ, μηδ' ἀπέλθῃς μηδαμῇ.
ΓΥ. Α' Ἀλλ' ἐῶ 'πολέσθαι τἄρι'; ΛΥ. Ἦν τούτου δέῃ.
ΓΥΝΗ Β'
Τάλαιν' ἐγώ, τάλαινα τῆς ἀμόργιδος, 735
ἣν ἄλοπον οἴκοι καταλέλοιφ'. ΛΥ. Αὕτη 'τέρα
ἐπὶ τὴν ἄμοργιν τὴν ἄλοπον ἐξέρχεται.
Χώρει πάλιν δεῦρ'. ΓΥ. Β' Ἀλλὰ νὴ τὴν Φωσφόρον
ἔγωγ' ἀποδείρασ' αὐτίκα μάλ' ἀνέρχομαι.
ΛΥ. Μή, μἀποδείρῃς· ἢν γὰρ ἄρξῃς τουτουί, 740
ἑτέρα γυνὴ ταὐτὸν ποεῖν βουλήσεται.
ΓΥΝΗ Γ'
Ὦ πότνι' Ἰλείθυ', ἐπίσχες τοῦ τόκου
ἕως ἂν εἰς ὅσιον μόλω 'γὼ χωρίον.
ΛΥ. Τί ταῦτα ληρεῖς; ΓΥ. Γ' Αὐτίκα μάλα τέξομαι.
ΛΥ. Ἀλλ' οὐκ ἐκύεις σύ γ' ἐχθές. ΓΥ. Γ' Ἀλλὰ
τήμερον. 745
Ἀλλ' οἴκαδέ μ' ὡς τὴν μαῖαν, ὦ Λυσιστράτη,
ἀπόπεμψον ὡς τάχιστα. ΛΥ. Τίνα λόγον λέγεις;
Τί τοῦτ' ἔχεις τὸ σκληρόν; ΓΥ. Γ' Ἄρρεν παιδίον.
ΛΥ. Μὰ τὴν Ἀφροδίτην οὐ σύ γ' ἀλλ' ἢ χαλκίον
ἔχειν τι φαίνει κοῖλον· εἴσομαι δ' ἐγώ. 750
Ὦ καταγέλαστ', ἔχουσα τὴν ἱερὰν κυνῆν
κυεῖν ἔφασκες; ΓΥ. Γ' Καὶ κυῶ γε νὴ Δία.
ΛΥ. Τί δῆτα ταύτην εἶχες; ΓΥ. Γ' Ἵνα μ' εἰ καταλάβοι
ὁ τόκος ἔτ' ἐν πόλει, τέκοιμ' εἰς τὴν κυνῆν
εἰσβᾶσα ταύτην, ὥσπερ αἱ περιστεραί. 755
ΛΥ. Τί λέγεις; Προφασίζει· περιφανῆ τὰ πράγματα.
Οὐ τἀμφιδρόμια τῆς κυνῆς αὐτοῦ μενεῖς;
ΓΥ. Γ' Ἀλλ' οὐ δύναμαι 'γωγ' οὐδὲ κοιμᾶσθ' ἐν πόλει,
ἐξ οὗ τὸν ὄφιν εἶδον τὸν οἰκουρόν ποτε.
ΓΥΝΗ Δ'
Ἐγὼ δ' ὑπὸ τῶν γλαυκῶν γε τάλαιν' ἀπόλλυμαι 760
ταῖς ἀγρυπνίαισι κικκαβαζουσῶν ἀεί.
ΛΥ. Ὦ δαιμόνιαι, παύσασθε τῶν τερατευμάτων.
Ποθεῖτ' ἴσως τοὺς ἄνδρας· ἡμᾶς δ' οὐκ οἴει
ποθεῖν ἐκείνους; Ἀργαλέας γ' εὖ οἶδ' ὅτι
ἄγουσι νύκτας. Ἀλλ' ἀνάσχεσθ', ὠγαθαί, 765
καὶ προσταλαιπωρήσατ' ἔτ' ὀλίγον χρόνον·
ὡς χρησμὸς ἡμῖν ἐστιν ἐπικρατεῖν, ἐὰν
μὴ στασιάσωμεν. Ἔστι δ' ὁ χρησμὸς οὑτοσί.
ΓΥ. Γ' Λέγ' αὐτὸν ἡμῖν ὅ τι λέγει. ΛΥ. Σιγᾶτε δή.

ΛΥ. Ἀλλ' ὁπόταν πτήξωσι χελιδόνες εἰς ἕνα χῶρον, 770
τοὺς ἔποπας φεύγουσαι, ἀπόσχωνταί τε φαλήτων,
παῦλα κακῶν ἔσται, τὰ δ' ὑπέρτερα νέρτερα θήσει
Ζεὺς ὑψιβρεμέτης— ΓΥ. Γ' Ἐπάνω κατακεισόμεθ' ἡμεῖς;
ἢν δὲ διαστῶσιν καὶ ἀνάπτωνται πτερύγεσσιν
ἐξ ἱεροῦ ναοῖο χελιδόνες, οὐκέτι δόξει 775
ὄρνεον οὐδ' ὁτιοῦν καταπυγωνέστερον εἶναι.
ΓΥ. Γ' Σαφής γ' ὁ χρησμὸς νὴ Δί'. Ὦ πάντες θεοί.
ΛΥ. Μή νυν ἀπείπωμεν ταλαιπωρούμεναι,
ἀλλ' εἰσίωμεν. Καὶ γὰρ αἰσχρὸν τουτογί,
ὦ φίλταται, τὸν χρησμὸν εἰ προδώσομεν. 780

Χ. ΓΕ. Μῦθον βούλομαι λέξαι τιν' ὑμῖν, [Str.]
ὅν ποτ' ἤκουσ' αὐτὸς ἔτι παῖς ὤν. 782-784
Οὕτως ἦν νεανίσκος Μελανίων τις, ὃς φεύ- 785
γων γάμον ἀφίκετ' ἐς ἐρημίαν, κἂν 786-787
τοῖς ὄρεσιν ᾤκει·
κᾆτ' ἐλαγοθήρει
πλεξάμενος ἄρκυς, 790
[καὶ κύνα τιν' εἶχεν]
κοὐκέτι κατῆλθε πάλιν οἴκαδ' ὑπὸ μίσους. 792-794
Οὕτω τὰς γυναῖκας ἐβδελύχθη κεῖνος, ἡμεῖς δ' 795
οὐδὲν ἧττον τοῦ Μελανίωνος, οἱ σώφρονες.

ΓΕ. Βούλομαί σε, γραῦ, κύσαι—
ΓΥ. Κρόμμυον τἄρ' οὐκ ἔδει.
ΓΕ. κἀνατείνας λακτίσαι.
ΓΥ. Τὴν λόχμην πολλὴν φορεῖς. 800
ΓΕ. Καὶ Μυρωνίδης γὰρ ἦν
τραχὺς ἐντεῦθεν μελάμπυ-
γός τε τοῖς ἐχθροῖς ἅπασιν
ὣς δὲ καὶ Φορμίων.

Χ. ΓΥ. Κἀγὼ βούλομαι μῦθόν τιν' ὑμῖν [Ant.] 805
ἀντιλέξαι τῷ Μελανίωνι.
Τίμων ἦν τις ἀίδρυτος ἀβάτοισι τὸ πρόσ- 807-809
ωπον ἐν σκώλοισι περιειργμένος, Ἐ- 810
ρινύων ἀπορρώξ.
Οὗτος οὖν ὁ Τίμων
ᾤχεθ' ὑπὸ μίσους 813-814
πολλὰ καταρασάμενος ἀνδράσι πονηροῖς. 815
Οὕτω κεῖνος ἡμῖν ἀντεμίσει τοὺς πονηροὺς 816-819
ἄνδρας ἀεί, ταῖσι δὲ γυναιξὶν ἦν φίλτατος. 820

ΓΥ. Τὴν γνάθον βούλει θένω;
ΓΕ. Μηδαμῶς· ἔδεισά γε.
ΓΥ. Ἀλλὰ κρούσω τῷ σκέλει;
ΓΕ. Τὸν σάκανδρον ἐκφανεῖς.
ΓΥ. Ἀλλ' ὅμως ἂν οὐκ ἴδοις 825
καίπερ οὔσης γραὸς ὄντ' αὐ-
τὸν κομήτην, ἀλλ' ἀπεψι-
λωμένον τῷ λύχνῳ.
ΛΥ. Ἰοὺ ἰού, γυναῖκες, ἴτε δεῦρ' ὡς ἐμὲ
ταχέως. ΓΥ. Τί δ' ἐστίν; Εἰπέ μοι, τίς ἡ βοή; 830
ΛΥ. Ἄνδρ', <ἄνδρ'> ὁρῶ προσιόντα παραπεπληγμένον,
τοῖς τῆς Ἀφροδίτης ὀργίοις εἰλημμένον.
Ὦ πότνια, Κύπρου καὶ Κυθήρων καὶ Πάφου
μεδέουσ'. Ἴθ' ὀρθὴν ἥνπερ ἔρχει τὴν ὁδόν.
ΓΥ. Ποῦ δ' ἐστίν, ὅστις ἐστί; ΛΥ. Παρὰ τὸ τῆς Χλόης. 835
ΓΥ. Ὦ νὴ Δί' ἐστὶ δῆτα. Τίς κἀστίν ποτε;
ΛΥ. Ὁρᾶτε. Γιγνώσκει τις ὑμῶν; ΜΥ. Νὴ Δία
ἔγωγε· κἄστιν οὑμὸς ἀνὴρ Κινησίας.
ΛΥ. Σὸν ἔργον ἤδη τοῦτον ὀπτᾶν καὶ στρέφειν
κἀξηπεροπεύειν καὶ φιλεῖν καὶ μὴ φιλεῖν, 840
καὶ πάνθ' ὑπέχειν πλὴν ὧν σύνοιδεν ἡ κύλιξ.
ΜΥ. Ἀμέλει, ποήσω ταῦτ' ἐγώ. ΛΥ. Καὶ μὴν ἐγὼ
ξυνηπεροπεύσω <σοὶ> παραμένουσ' ἐνθαδί,
καὶ ξυσταθεύσω τοῦτον. Ἀλλ' ἀπέλθετε.
ΚΙΝΗΣΙΑΣ
Οἴμοι κακοδαίμων, οἷος ὁ σπασμός μ' ἔχει 845
χὠ τέτανος ὥσπερ ἐπὶ τροχοῦ στρεβλούμενον.
ΛΥ. Τίς οὗτος οὑντὸς τῶν φυλάκων ἑστώς; ΚΙ. Ἐγώ.
ΛΥ. Ἀνήρ; ΚΙ. Ἀνὴρ δῆτ'. ΛΥ. Οὐκ ἄπει δῆτ' ἐκποδών;
ΚΙ. Σὺ δ' εἶ τίς ἡκβάλλουσά μ'; ΛΥ. Ἡμεροσκόπος.
ΚΙ. Πρὸς τῶν θεῶν νυν ἐκκάλεσόν μοι Μυρρίνην. 850
ΛΥ. Ἰδοὺ καλέσω 'γὼ Μυρρίνην σοι; Σὺ δὲ τίς εἶ;
ΚΙ. Ἀνὴρ ἐκείνης, Παιονίδης Κινησίας.
ΛΥ. Ὦ χαῖρε φίλτατ'· οὐ γὰρ ἀκλεὲς τοὔνομα
τὸ σὸν παρ' ἡμῖν ἐστιν οὐδ' ἀνώνυμον.
Ἀεὶ γὰρ ἡ γυνή σ' ἔχει διὰ στόμα. 855
Κἂν ᾠὸν ἢ μῆλον λάβῃ, "Κινησίᾳ
τουτὶ γένοιτο," φησίν. ΚΙ. Ὦ πρὸς τῶν θεῶν.
ΛΥ. Νὴ τὴν Ἀφροδίτην· κἂν περὶ ἀνδρῶν γ' ἐμπέσῃ
λόγος τις, εἴρηκ' εὐθέως ἡ σὴ γυνὴ
ὅτι ληρός ἐστι τἆλλα πρὸς Κινησίαν. 860
ΚΙ. Ἴθι νυν κάλεσον αὐτήν. ΛΥ. Τί οὖν; Δώσεις τί μοι;

ΚΙ. Ἔγωγε <τόδε> νὴ τὸν Δί', ἢν βούλῃ γε σύ.
Ἔχω δὲ τοῦθ'· ὅπερ οὖν ἔχω, δίδωμί σοι.
ΛΥ. Φέρε νυν καλέσω καταβᾶσά σοι. ΚΙ. Ταχύ νυν πάνυ·
ὡς οὐδεμίαν ἔχω γε τῷ βίῳ χάριν, 865
ἐξ οὗπερ αὕτη 'ξῆλθεν ἐκ τῆς οἰκίας,
ἀλλ' ἄχθομαι μὲν εἰσιών, ἔρημα δὲ
εἶναι δοκεῖ μοι πάντα, τοῖς δὲ σιτίοις
χάριν οὐδεμίαν οἶδ' ἐσθίων. Ἕστυκα γάρ.
ΜΥ. Φιλῶ φιλῶ 'γὼ τοῦτον· ἀλλ' οὐ βούλεται 870
ὑπ' ἐμοῦ φιλεῖσθαι. Σὺ δέ με τούτῳ μὴ κάλει.
ΚΙ. Ὦ γλυκύτατον Μυρρινίδιον, τί ταῦτα δρᾷς;
Κατάβηθι δεῦρο. ΜΥ. Μὰ Δί' ἐγὼ μὲν αὐτόσ' οὔ.
ΚΙ. Ἐμοῦ καλοῦντος οὐ καταβήσει, Μυρρίνη;
ΜΥ. Οὐ γὰρ δεόμενος οὐδὲν ἐκκαλεῖς ἐμέ. 875
ΚΙ. Ἐγὼ οὐ δεόμενος; Ἐπιτετριμμένος μὲν οὖν.
ΜΥ. Ἄπειμι. ΚΙ. Μὴ δῆτ', ἀλλὰ τῷ γοῦν παιδίῳ
ὑπάκουσον. Οὗτος, οὐ καλεῖς τὴν μαμμίαν;
ΠΑΙΔΙΟΝ
Μαμμία, μαμμία, μαμμία.
ΚΙ. Αὕτη, τί πάσχεις; Οὐδ' ἐλεεῖς τὸ παιδίον 880
ἄλουτον ὂν κἄθηλον ἕκτην ἡμέραν;
ΜΥ. Ἔγωγ' ἐλεῶ δῆτ'· ἀλλ' ἀμελὴς αὐτῷ πατήρ
ἐστιν. ΚΙ. Κατάβηθ', ὦ δαιμονία, τῷ παιδίῳ.
ΜΥ. Οἷον τὸ τεκεῖν. Καταβατέον. Τί γὰρ πάθω;
ΚΙ. Ἐμοὶ μὲν αὕτη καὶ νεωτέρα δοκεῖ 885
πολλῷ γεγενῆσθαι κἀγανώτερον βλέπειν·
χἄ δυσκολαίνει πρὸς ἐμὲ καὶ βρενθύεται,
ταῦτ' αὐτὰ δή 'σθ' ἃ καί μ' ἐπιτρίβει τῷ πόθῳ.
ΜΥ. Ὦ γλυκύτατον σὺ τεκνίδιον κακοῦ πατρός,
φέρε σε φιλήσω, γλυκύτατον τῇ μαμμίᾳ. 890
ΚΙ. Τί, ὦ πονήρα, ταῦτα ποιεῖς χἀτέραις
πείθει γυναιξί; Κἀμέ τ' ἄχθεσθαι ποεῖς
αὐτή τε λυπεῖ. ΜΥ. Μὴ πρόσαγε τὴν χεῖρά μοι.
ΚΙ. Τὰ δ' ἔνδον ὄντα τἀμὰ καὶ σὰ χρήματα
χεῖρον διατίθης. ΜΥ. Ὀλίγον αὐτῶν μοι μέλει. 895
ΚΙ. Ὀλίγον μέλει σοι τῆς κρόκης φορουμένης
ὑπὸ τῶν ἀλεκτρυόνων; ΜΥ. Ἔμοιγε νὴ Δία.
ΚΙ. Τὰ τῆς Ἀφροδίτης ἱέρ' ἀνοργίαστά σοι
χρόνον τοσοῦτόν ἐστιν. Οὐ βαδιεῖ πάλιν;
ΜΥ. Μὰ Δί' οὐκ ἔγωγ', ἢν μὴ διαλλαχθῆτέ γε 900
καὶ τοῦ πολέμου παύσησθε. ΚΙ. Τοιγάρ, ἢν δοκῇ,
ποήσομεν καὶ ταῦτα. ΜΥ. Τοιγάρ, ἢν δοκῇ,

κἄγωγ' ἄπειμ' ἐκεῖσε· νῦν δ' ἀπομώμοκα.
ΚΙ. Σὺ δ' ἀλλὰ κατακλίνηθι μετ' ἐμοῦ διὰ χρόνου.
ΜΥ. Οὐ δῆτα· καίτοι σ' οὐκ ἐρῶ γ' ὡς οὐ φιλῶ. 905
ΚΙ. Φιλεῖς; Τί οὖν οὐ κατεκλίνης, ὦ Μύρριον;
ΜΥ. Ὦ καταγέλαστ', ἐναντίον τοῦ παιδίου;
ΚΙ. Μὰ Δί' ἀλλὰ τοῦτό γ' οἴκαδ', ὦ Μανῆ, φέρε.
Ἰδοὺ τὸ μέν σοι παιδίον καὶ δὴ 'κποδών·
σὺ δ' οὐ κατακλινεῖ; ΜΥ. Ποῦ γὰρ ἄν τις καί,
τάλαν, 910
δράσειε τοῦθ'; ΚΙ. Ὅπου; τὸ τοῦ Πανὸς καλόν.
ΜΥ. Καὶ πῶς ἔθ' ἁγνὴ δῆτ' ἂν ἔλθοιμ' εἰς πόλιν;
ΚΙ. Κάλλιστα δήπου, λουσαμένη τῇ Κλεψύδρᾳ.
ΜΥ. Ἔπειτ' ὀμόσασα δῆτ' ἐπιορκήσω, τάλαν;
ΚΙ. Εἰς ἐμὲ τράποιτο· μηδὲν ὅρκου φροντίσῃς. 915
ΜΥ. Φέρε νυν ἐνέγκω κλινίδιον νῷν. ΚΙ. Μηδαμῶς.
Ἀρκεῖ χαμαὶ νῷν. ΜΥ. Μὰ τὸν Ἀπόλλω, μή σ' ἐγὼ
καίπερ τοιοῦτον ὄντα κατακλινῶ χαμαί.
ΚΙ. Ἤ τοι γυνὴ φιλεῖ με, δήλη 'στὶν καλῶς.
ΜΥ. Ἰδού, κατάκεισ' ἀνύσας τι, κἀγὼ 'κδύομαι. 920
Καίτοι, τὸ δεῖνα, ψίαθός ἐστ' ἐξοιστέα.
ΚΙ. Ποία ψίαθος; Μή μοί γε. ΜΥ. Νὴ τὴν Ἄρτεμιν,
αἰσχρὸν γὰρ ἐπὶ τόνου γε. ΚΙ. Δός μοί νυν κύσαι.
ΜΥ. Ἰδού. ΚΙ. Παπαιάξ. Ἧκέ νυν ταχέως πάνυ.
ΜΥ. Ἰδοὺ ψίαθος. Κατάκεισο, καὶ δὴ 'κδύομαι. 925
Καίτοι, τὸ δεῖνα, προσκεφάλαιον οὐκ ἔχεις.
ΚΙ. Ἀλλ' οὐ δέομ' οὐδὲν ἔγωγε. ΜΥ. Νὴ Δί' ἀλλ' ἐγώ.
ΚΙ. Ἀλλ' ἢ τὸ πέος τόδ' Ἡρακλῆς ξενίζεται;
ΜΥ. Ἀνίστασ', ἀναπήδησον. Ἤδη πάντ' ἔχω.
ΚΙ. Ἅπαντα δῆτα. Δεῦρό νυν, ὦ χρυσίον. 930
ΜΥ. Τὸ στρόφιον ἤδη λύομαι. Μέμνησό νυν·
μή μ' ἐξαπατήσῃς τὰ περὶ τῶν διαλλαγῶν.
ΚΙ. Νὴ Δί' ἀπολοίμην. ΜΥ. Ἀλλὰ σισύραν οὐκ ἔχεις.
ΚΙ. Μὰ Δί' οὐδὲ δέομαί γ', ἀλλὰ βινεῖν βούλομαι.
ΜΥ. Ἀμέλει, ποήσεις τοῦτο· ταχὺ γὰρ ἔρχομαι. 935
ΚΙ. Ἄνθρωπος ἐπιτρίψει με διὰ τὰ στρώματα.
ΜΥ. Ἔπαιρε σαυτόν. ΚΙ. Ἀλλ' ἐπῆρται τουτογί.
ΜΥ. Βούλει μυρίσω σε; ΚΙ. Μὰ τὸν Ἀπόλλω μή μέ γε.
ΜΥ. Νὴ τὴν Ἀφροδίτην, ἤν τε βούλῃ γ' ἤν τε μή.
ΚΙ. Εἴθ' ἐκχυθείη τὸ μύρον, ὦ Ζεῦ δέσποτα. 940
ΜΥ. Πρότεινε δὴ τὴν χεῖρα κἀλείφου λαβών.
ΚΙ. Οὐχ ἡδὺ τὸ μύρον μὰ τὸν Ἀπόλλω τουτογί,
εἰ μὴ διατριπτικόν γε κοὐκ ὄζον γάμων.

ΜΥ.	Τάλαιν' ἐγώ, τὸ 'Ρόδιον ἤνεγκον μύρον.	
ΚΙ.	Ἀγαθόν· ἔα αὖτ', ὦ δαιμονία. ΜΥ. Ληρεῖς ἔχων.	945
ΚΙ.	Κάκιστ' ἀπόλοιθ' ὁ πρῶτος ἑψήσας μύρον.	
ΜΥ.	Λαβὲ τόνδε τὸν ἀλάβαστον. ΚΙ. Ἀλλ' ἕτερον ἔχω.	
	Ἀλλ' ᾧζυρά, κατάκεισο καὶ μή μοι φέρε	
	μηδέν. ΜΥ. Ποήσω ταῦτα νὴ τὴν Ἄρτεμιν.	
	Ὑπολύομαι γοῦν. Ἀλλ' ὅπως, ὦ φίλτατε,	950
	σπονδὰς ποεῖσθαι ψηφιεῖ. ΚΙ. Βουλεύσομαι.—	
	Ἀπολώλεκέν με κἀπιτέτριφεν ἡ γυνὴ	
	τά τ' ἄλλα πάντα κἀποδείρασ' οἴχεται.	
	Οἴμοι τί πάθω; Τίνα βινήσω,	
	τῆς καλλίστης πασῶν ψευσθείς;	955
	Πῶς ταυτηνὶ παιδοτροφήσω;	
	Ποῦ Κυναλώπηξ;	
	Μίσθωσόν μοι τὴν τίτθην.	
Χ. ΓΕ.	Ἐν δεινῷ γ', ὦ δύστηνε, κακῷ	
	τείρει ψυχὴν ἐξαπατηθείς.	960
	Κἄγωγ' οἰκτίρω σ'. Αἰαῖ.	
	Ποῖος γὰρ <ἔτ'> ἂν νέφρος ἀντίσχοι,	
	ποία ψυχή, ποῖοι δ' ὄρχεις,	
	ποία δ' ὀσφύς, ποῖος δ' ὄρρος	
	κατατεινόμενος	965
	καὶ μὴ βινῶν τοὺς ὄρθρους;	
ΚΙ.	Ὦ Ζεῦ, δεινῶν ἀντισπασμῶν.	
Χ. ΓΕ.	Ταυτὶ μέντοι νυνί σ' ἐπόησ'	
	ἡ παμβδελύρα καὶ παμμυσάρα.	
ΚΙ.	Μὰ Δί' ἀλλὰ φίλη καὶ παγγλυκέρα.	970
Χ. ΓΕ.	Ποία γλυκερά; Μιαρὰ μιαρὰ δῆτ', ὦ Ζεῦ.	971–972
	Εἴθ' αὐτὴν ὥσπερ τοὺς θωμοὺς	
	μεγάλῳ τυφῷ καὶ πρηστῆρι	
	ξυστρέψας καὶ ξυγγογγύλας	975
	οἴχοιο φέρων, εἶτα μεθείης,	
	ἡ δὲ φέροιτ' αὖ πάλιν εἰς τὴν γῆν,	
	κᾆτ' ἐξαίφνης	
	περὶ τὴν ψωλὴν περιβαίη.	
ΚΗΡΥΞ ΛΑΚΕΔΑΙΜΟΝΙΩΝ		
	Πᾶ τᾶν Ἀσανᾶν ἐστιν ἁ γερωχία	980
	ἢ τοὶ πρυτάνιες; Λῶ τι μυσίξαι νέον.	
ΠΡΥΤΑΝΙΣ		
	Τίς δ' εἶ; πότερον ἄνθρωπος ἢ Κονίσαλος;	
ΚΗ.	Κᾶρυξ ἐγών, ὦ κυρσάνιε, ναὶ τὼ σιὼ	
	ἔμολον ἀπὸ Σπάρτας περὶ τᾶν διαλλαγᾶν.	

ΠΡΥ. Κἄπειτα δόρυ δῆθ' ὑπὸ μάλης ἥκεις ἔχων; 985
ΚΗ. Οὐ τὸν Δί' οὐκ ἔγωνγα. ΠΡΥ. Ποῖ μεταστρέφει;
Τί δὴ προβάλλει τὴν χλαμύδ'; Ἡ βουβωνιᾷς
ὑπὸ τῆς ὁδοῦ; ΚΗ. Παλεός γα ναὶ τὸν Κάστορα
ὤνθρωπος. ΠΡΥ. Ἀλλ' ἔστυκας, ὦ μαρώτατε.
ΚΗ. Οὐ τὸν Δί' οὐκ ἔγωνγα· μηδ' αὖ πλαδδίη, 990
ΠΡΥ. Τί δ' ἐστί σοι τοδί; ΚΗ. Σκυτάλα Λακωνικά.
ΠΡΥ. Εἴπερ γε, χαὔτη 'στὶ σκυτάλη Λακωνική.
Ἀλλ' ὡς πρὸς εἰδότ' ἐμὲ σὺ τἀληθῆ λέγε.
Τί τὰ πράγμαθ' ὑμῖν ἐστι τὰν Λακεδαίμονι;
ΚΗ. Ὀρσὰ Λακεδαίμων πᾶά καὶ τοὶ σύμμαχοι 995
ἅπαντες ἐστύκαντι· Παλλάνας δὲ δεῖ.
ΠΡΥ. Ἀπὸ τοῦ δὲ τουτὶ τὸ κακὸν ὑμῖν ἐνέπεσεν;
Ἀπὸ Πανός; ΚΗ. Οὔκ, ἀλλ' ἆρχε μέν, οἰῶ, Λαμπιτώ,
ἔπειτα τἄλλαι ταὶ κατὰ Σπάρταν ἁμᾶ
γυναῖκες ἇπερ ἀπὸ μιᾶς ὑσπλαγίδος 1000
ἀπήλαάν τὼς ἄνδρας ἀπὸ τῶν ὑσσάκων.
ΠΡΥ. Πῶς οὖν ἔχετε; ΚΗ. Μογίομες· ἂν γὰρ τὰν πόλιν
ἇπερ λυχνοφορίοντες ὑποκεκύφαμες.
Ταὶ γὰρ γυναῖκες οὐδὲ τῶ μύρτω σιγῆν
ἐῶντι, πρίν χ' ἅπαντες ἐξ ἑνὸς λόγω 1005
σπονδὰς ποιησώμεσθα καττὰν Ἑλλάδα.
ΠΡΥ. Τουτὶ τὸ πρᾶγμα πανταχόθεν ξυνομώμοται
ὑπὸ τῶν γυναικῶν· ἄρτι νυνὶ μανθάνω.
Ἀλλ' ὡς τάχιστα φράζε περὶ διαλλαγῶν
πρέσβεις ἀποπέμπειν αὐτοκράτορας ἐνθαδί. 1010
Ἐγὼ δ' ἑτέρους ἐνθένδε τῇ βουλῇ φράσω
πρέσβεις ἑλέσθαι τὸ πέος ἐπιδείξας τοδί.
ΚΗ. Ποτάομαι· κράτιστα γὰρ παντᾷ λέγεις.
Χ. ΓΕ. Οὐδέν ἐστι θηρίον γυναικὸς ἀμαχώτερον,
οὐδὲ πῦρ, οὐδ' ὧδ' ἀναιδὴς οὐδεμία πόρδαλις. 1015
Χ. ΓΥ. Ταῦτα μέντοι <σὺ> ξυνιεὶς εἶτα πολεμεῖς ἐμοί,
ἐξόν, ὦ πονηρέ, σοι βέβαιον ἔμ' ἔχειν φίλην;
Χ. ΓΕ. Ὡς ἐγὼ μισῶν γυναῖκας οὐδέποτε παύσομαι.
Χ. ΓΥ. Ἀλλ' ὅταν βούλῃ σύ. Νῦν δ' οὖν οὔ σε περιόψομαι
γυμνὸν ὄνθ' οὕτως. Ὁρῶ γὰρ ὡς καταγέλαστος εἶ. 1020
Ἀλλὰ τὴν ἐξωμίδ' ἐνδύσω σε προσιοῦσ' ἐγώ.
Χ. ΓΕ. Τοῦτο μὲν μὰ τὸν Δί' οὐ πονηρὸν ἐποήσατε·
ἀλλ' ὑπ' ὀργῆς γὰρ πονηρᾶς καὶ τότ' ἀπέδυν ἐγώ.
Χ. ΓΥ. Πρῶτα μὲν φαίνει γ' ἀνήρ, εἶτ' οὐ καταγέλαστος εἶ.
Κεἴ με μὴ 'λύπεις, ἐγώ σου κἂν τόδε τὸ θηρίον 1025
τοὐπὶ τὠφθαλμῷ λαβοῦσ' ἐξεῖλον ἄν, ὃ νῦν ἔνι.

Χ. ΓΕ. Τοῦτ' ἄρ' ἦν με τοὐπιτρῖβον. Δακτύλιος οὑτοσί·
ἐκσκάλευσον αὐτό, κᾆτα δεῖξον ἀφελοῦσά μοι·
ὡς τὸν ὀφθαλμόν γέ μου νὴ τὸν Δία πάλαι δάκνει.
Χ. ΓΥ. Ἀλλὰ δράσω ταῦτα· καίτοι δύσκολος ἔφυς ἀνήρ. 1030
Ἦ μέγ', ὦ Ζεῦ, χρῆμ' ἰδεῖν τῆς ἐμπίδος ἔνεστί σοι.
Οὐχ ὁρᾷς; Οὐκ ἐμπίς ἐστιν ἥδε Τρικορυσία;
Χ. ΓΕ. Νὴ Δί' ὤνησάς γέ μ', ὡς πάλαι γέ μ' ἐφρεωρύχει,
ὥστ' ἐπειδὴ 'ξῃρέθη, ῥεῖ μου τὸ δάκρυον πολύ.
Χ. ΓΥ. Ἀλλ' ἀποψήσω σ' ἐγώ, καίτοι πάνυ πονηρὸς εἶ, 1035
καὶ φιλήσω. Χ. ΓΕ. Μὴ φιλήσῃς. Χ. ΓΥ. Ἤν τε βούλῃ γ'
ἤν τε μή.
Χ. ΓΕ. Ἀλλὰ μὴ ὥρας ἵκοισθ'· ὡς ἐστὲ θωπικαὶ φύσει,
κᾆστ' ἐκεῖνο τοὔπος ὀρθῶς κοὐ κακῶς εἰρημένον,
οὔτε σὺν πανωλέθροισιν οὔτ' ἄνευ πανωλέθρων.
Ἀλλὰ νυνὶ σπένδομαί σοι, καὶ τὸ λοιπὸν οὐκέτι 1040
οὔτε δράσω φλαῦρον οὐδὲν οὔθ' ὑφ' ὑμῶν πείσομαι.
Ἀλλὰ κοινῇ συσταλέντες τοῦ μέλους ἀρξώμεθα.

ΧΟ. Οὐ παρασκευαζόμεσθα [Str. 1]
τῶν πολιτῶν οὐδέν', ὦνδρες,
φλαῦρον εἰπεῖν οὐδὲ ἕν, 1045
ἀλλὰ πολὺ τοὔμπαλιν πάντ' ἀγαθὰ καὶ λέγειν
καὶ 1046-1047
δρᾶν· ἱκανὰ γὰρ τὰ κακὰ καὶ τὰ παρακείμενα.
Ἀλλ' ἐπαγγελλέτω πᾶς ἀνὴρ καὶ γυνή,
εἴ τις ἀργυρίδιον δεῖ- 1050
ται λαβεῖν, μνᾶς ἢ δύ' ἢ τρεῖς·
ὡς ἔσω 'στὶν
κἄχομεν βαλλάντια.
Κἄν ποτ' εἰρήνη φανῇ,
ὅστις ἂν νυνὶ δανείση- 1055
ται παρ' ἡμῶν,
ἢν λάβῃ μηκέτ' ἀποδῷ.

Ἑστιᾶν δὲ μέλλομεν ξέ- [Str. 2]
νους τινὰς Καρυστίους, ἄν-
δρας καλούς τε κἀγαθούς. 1060
Κἄστιν ἔτνος τι· καὶ δελφάκιον ἦν τί μοι, καὶ
τοῦτο τέθυχ', ὥστε γεύσεσθ' ἁπαλὰ καὶ
καλά. 1062-1064
Ἥκετ' οὖν εἰς ἐμοῦ τήμερον· πρῲ δὲ χρὴ 1065
τοῦτο δρᾶν λελουμένους αὐ-

τούς τε καὶ τὰ παιδί', εἶτ' εἴ-
σω βαδίζειν,
μηδ' ἐρέσθαι μηδένα,
ἀλλὰ χωρεῖν ἄντικρυς 1069
ὥσπερ οἴκαδ' εἰς ἑαυτῶν 1069
γεννικῶς, ὡς 1070
ἡ θύρα κεκλείσεται.

Καὶ μὴν ἀπὸ τῆς Σπάρτης οἱδὶ πρέσβεις ἕλκοντες ὑπήνας
χωροῦσ', ὥσπερ χοιροκομεῖον περὶ τοῖς μηροῖσιν ἔχοντες.
Ἄνδρες Λάκωνες, πρῶτα μέν μοι χαίρετε,
εἶτ' εἴπαθ' ἡμῖν πῶς ἔχοντες ἥκετε. 1075

ΛΑΚΩΝ Τί δεῖ ποθ' ὑμὲ πολλὰ μυσίδδην ἔπη;
Ὁρῆν γὰρ ἔξεσθ' ὡς ἔχοντες ἴκομες.
ΧΟ. Βαβαί· νενεύρωται μὲν ἥδε συμφορὰ
δεινῶς τεθερμῶσθαί τε χεῖρον φαίνεται.
ΛΑ. Ἄφατα. Τί κα λέγοι τις; Ἀλλ' ὅπα σέλει 1080
παντᾶ τις ἐλσὼν ἀμὶν εἰράναν σέτω.
ΧΟ. Καὶ μὴν ὁρῶ καὶ τούσδε τοὺς αὐτόχθονας
ὥσπερ παλαιστὰς ἄνδρας ἀπὸ τῶν γαστέρων
θαἰμάτι' ἀποστέλλοντας· ὥστε φαίνεται
ἀσκητικὸν τὸ χρῆμα τοῦ νοσήματος. 1085
ΠΡΥ. Τίς ἂν φράσειε ποῦ 'στιν ἡ Λυσιστράτη;
Ὡς ἄνδρες ἡμεῖς οὑτοιὶ τοιουτοί.
ΧΟ. Χαὔτη ξυνᾴδει θἀτέρᾳ ταύτῃ νόσος.
Ἦ που πρὸς ὄρθρον σπασμὸς ὑμᾶς λαμβάνει;
ΠΡΥ. Μὰ Δί' ἀλλὰ ταυτὶ δρῶντες ἐπιτετρίμμεθα. 1090
Ὥστ' εἴ τις ἡμᾶς μὴ διαλλάξει ταχύ,
οὐκ ἔσθ' ὅπως οὐ Κλεισθένη βινήσομεν.
ΧΟ. Εἰ σωφρονεῖτε, θαἰμάτια λήψεσθ', ὅπως
τῶν ἑρμοκοπιδῶν μή τις ὑμᾶς ὄψεται.
ΠΡΥ. Νὴ τὸν Δί' εὖ μέντοι λέγεις. ΛΑ. Ναὶ τὼ σιὼ 1095
παντᾶ γα. Φέρε τὸ ἔσθος ἀμβαλώμεθα.
ΠΡΥ. Ὦ χαίρεθ', οἱ Λάκωνες· αἰσχρά γ' ἐπάθομεν.
ΛΑ. Ὦ πολυχαρείδα, δεινά γ' αὖ πεπόνθαμες,
αἰκ εἶδον ἀμὲ τὤνδρες ἀμπεφλασμένως.
ΠΡΥ. Ἄγε δή, Λάκωνες, αὔθ' ἕκαστα χρὴ λέγειν. 1100
Ἐπὶ τί πάρεστε δεῦρο; ΛΑ. Περὶ διαλλαγᾶν
πρέσβεις. ΠΡΥ. Καλῶς δὴ λέγετε· χἠμεῖς τουτογί.
Τί οὐ καλοῦμεν δῆτα τὴν Λυσιστράτην,

ἥπερ διαλλάξειεν ἡμᾶς ἂν μόνη;
ΛΑ. Ναὶ τὼ σιώ, κἂν λῆτε, τὸν Λυσίστρατον. 1105
ΠΡΥ. Ἀλλ' οὐδὲν ἡμᾶς, ὡς ἔοικε, δεῖ καλεῖν·
αὐτὴ γάρ, ὡς ἤκουσεν, ἥδ' ἐξέρχεται.

ΧΟ. Χαῖρ', ὦ πασῶν ἀνδρειοτάτη· δεῖ δὴ νυνί σε γενέσθαι
δεινὴν <μαλακήν,> ἀγαθὴν φαύλην, σεμνὴν ἀγανήν,
πολύπειρον·
ὡς οἱ πρῶτοι τῶν Ἑλλήνων τῇ σῇ ληφθέντες ἴυγγι 1110
συνεχώρησάν σοι καὶ κοινῇ τἀγκλήματα πάντ' ἐπέτρεψαν.

ΛΥ. Ἀλλ' οὐχὶ χαλεπὸν τοὔργον, εἰ λάβοι γέ τις
ὀργῶντας ἀλλήλων τε μὴ 'κπειρωμένους.
Τάχα δ' εἴσομαι 'γώ. Ποῦ 'στιν ἡ Διαλλαγή;
Πρόσαγε λαβοῦσα πρῶτα τοὺς Λακωνικούς, 1115
καὶ μὴ χαλεπῇ τῇ χειρὶ μηδ' αὐθαδικῇ,
μηδ' ὥσπερ ἡμῶν ἄνδρες ἀμαθῶς τοῦτ' ἔδρων,
ἀλλ' ὡς γυναῖκας εἰκός, οἰκείως πάνυ.
Ἢν μὴ διδῷ τὴν χεῖρα, τῆς σάθης ἄγε.
Ἴθι καὶ σὺ τούτους τοὺς Ἀθηναίους ἄγε· 1120
οὗ δ' ἂν διδῶσι, πρόσαγε τούτους λαβομένη.
Ἄνδρες Λάκωνες, στῆτε παρ' ἐμὲ πλησίον,
ἐνθένδε δ' ὑμεῖς, καὶ λόγων ἀκούσατε.
Ἐγὼ γυνὴ μέν εἰμι, νοῦς δ' ἔνεστί μοι.
Αὐτὴ δ' ἐμαυτῆς οὐ κακῶς γνώμης ἔχω, 1125
τοὺς δ' ἐκ πατρός τε καὶ γεραιτέρων λόγους
πολλοὺς ἀκούσασ' οὐ μεμούσωμαι κακῶς.
Λαβοῦσα δ' ὑμᾶς λοιδορῆσαι βούλομαι
κοινῇ δικαίως, οἳ μιᾶς ἐκ χέρνιβος
βωμοὺς περιρραίνοντες ὥσπερ ξυγγενεῖς 1130
Ὀλυμπίασιν, ἐν Πύλαις, Πυθοῖ—πόσους
εἴποιμ' ἂν ἄλλους, εἴ με μηκύνειν δέοι;—
ἐχθρῶν παρόντων βαρβάρων στρατεύματι
Ἕλληνας ἄνδρας καὶ πόλεις ἀπόλλυτε.
Εἷς μὲν λόγος μοι δεῦρ' ἀεὶ περαίνεται. 1135
ΠΡΥ. Ἐγὼ δ' ἀπόλλυμαί γ' ἀπεψωλημένος.
ΛΥ. Εἶτ', ὦ Λάκωνες, πρὸς γὰρ ὑμᾶς τρέψομαι,
οὐκ ἴσθ' ὅτ' ἐλθὼν δεῦρο Περικλείδας ποτὲ
ὁ Λάκων Ἀθηναίων ἱκέτης καθέζετο
ἐπὶ τοῖσι βωμοῖς ὠχρὸς ἐν φοινικίδι 1140
στρατιὰν προσαιτῶν; Ἡ δὲ Μεσσήνη τότε
ὑμῖν ἐπέκειτο χὠ θεὸς σείων ἅμα.

Aristophanes' Lysistrata 31

Ἐλθὼν δὲ σὺν ὁπλίταισι τετρακισχιλίοις
Κίμων ὅλην ἔσωσε τὴν Λακεδαίμονα.
Ταυτὶ παθόντες τῶν Ἀθηναίων ὕπο 1145
δῃοῦτε χώραν, ἧς ὑπ᾽ εὖ πεπόνθατε;
ΠΡΥ. Ἀδικοῦσιν οὗτοι νὴ Δί᾽, ὦ Λυσιστράτη.
ΛΑ. Ἀδικίομες· ἀλλ᾽ ὁ πρωκτὸς ἄφατον ὡς καλός.
ΛΥ. Ὑμᾶς δ᾽ ἀφήσειν τοὺς Ἀθηναίους <μ᾽> οἴει;
Οὐκ ἴσθ᾽ ὅθ᾽ ὑμᾶς οἱ Λάκωνες αὖθις αὖ 1150
κατωνάκας φοροῦντας ἐλθόντες δορὶ
πολλοὺς μὲν ἄνδρας Θετταλῶν ἀπώλεσαν,
πολλοὺς δ᾽ ἑταίρους Ἱππίου καὶ ξυμμάχους,
ξυνεκμαχοῦντες τῇ τόθ᾽ ἡμέρᾳ μόνοι
ἠλευθέρωσαν κἀντὶ τῆς κατωνάκης 1155
τὸν δῆμον ὑμῶν χλαῖναν ἠμπέσχον πάλιν;
ΛΑ. Οὔπα γυναῖκ᾽ ὄπωπα χαϊωτέραν.
ΠΡΥ. Ἐγὼ δὲ κύσθον γ᾽ οὐδέπω καλλίονα.
ΛΥ. Τί δῆθ᾽ ὑπηργμένων γε πολλῶν κἀγαθῶν
μάχεσθε κοὐ παύεσθε τῆς μοχθηρίας; 1160
Τί δ᾽ οὐ διηλλάγητε; Φέρε, τί τοὐμποδών,
ΛΑ. Ἁμές γε λῶμες, αἴ τις ἁμὶν τὤγκυκλον
λῇ τοῦτ᾽ ἀποδόμεν. ΛΥ. Ποῖον, ὦ τᾶν; ΛΑ. Τὰν Πύλον,
τᾶσπερ πάλαι δεόμεθα καὶ βλιμάττομες.
ΠΡΥ. Μὰ τὸν Ποσειδῶ τοῦτο μέν γ᾽ οὐ δράσετε. 1165
ΛΥ. Ἄφετ᾽, ὠγάθ᾽, αὐτοῖς. ΠΡΥ. Κᾆτα τίνα κινήσομεν;
ΛΥ. Ἕτερόν γ᾽ ἀπαιτεῖτ᾽ ἀντὶ τούτου χωρίον.
ΠΡΥ. Τὸ δεῖνα τοίνυν, παράδοθ᾽ ἡμῖν τουτονὶ
πρώτιστα τὸν Ἐχινοῦντα καὶ τὸν Μηλιᾶ
κόλπον τὸν ὄπισθεν καὶ τὰ Μεγαρικὰ σκέλη. 1170
ΛΑ. Οὐ τὼ σιώ, οὐκὶ πάντα γ᾽, ὦ λισσάνιε.
ΛΥ. Ἐᾶτε, μηδὲν διαφέρου περὶ σκελοῖν.
ΠΡΥ. Ἤδη γεωργεῖν γυμνὸς ἀποδὺς βούλομαι.
ΛΑ. Ἐγὼ δὲ κοπραγωγῆν γα πρῲ ναὶ τὼ σιώ.
ΛΥ. Ἐπὴν διαλλαγῆτε, ταῦτα δράσετε. 1175
Ἀλλ᾽ εἰ δοκεῖ δρᾶν ταῦτα, βουλεύσασθε καὶ
τοῖς ξυμμάχοις ἐλθόντες ἀνακοινώσατε.
ΠΡΥ. Ποίοισιν, ὦ τᾶν, ξυμμάχοις; Ἑστύκαμεν.
Οὐ ταὐτὰ δόξει τοῖσι συμμάχοισι νῷν,
βινεῖν, ἅπασιν; ΛΑ. Τοῖσι γοῦν ναὶ τὼ σιὼ 1180
ἁμοῖσι. ΠΡΥ. Καὶ γὰρ ναὶ μὰ Δία Καρυστίοις.
ΛΥ. Καλῶς λέγετε. Νῦν οὖν ὅπως ἁγνεύσετε,
ὅπως ἂν αἱ γυναῖκες ὑμᾶς ἐν πόλει
ξενίσωμεν ὧν ἐν ταῖσι κίσταις εἴχομεν.

Ὅρκους δ' ἐκεῖ καὶ πίστιν ἀλλήλοις δότε. 1185
Κἄπειτα τὴν αὑτοῦ γυναῖχ' ὑμῶν λαβὼν
ἄπεισ' ἕκαστος. ΠΡΥ. Ἀλλ' ἴωμεν ὡς τάχος.

ΛΑ. Ἄγ' ὅπα τυ λῇς. ΠΡΥ. Νὴ τὸν Δί' ὡς τάχιστ' ἄγε.

ΧΟ. Στρωμάτων δὲ ποικίλων καὶ [Ant. 1]
χλανιδίων καὶ ξυστίδων καὶ 1190
χρυσίων, ὅσ' ἐστί μοι,
οὐ φθόνος ἔνεστί μοι πᾶσι παρέχειν φέρειν τοῖς
παισίν, ὁπόταν τε θυγάτηρ τινὶ κανηφορῇ.
Πᾶσιν ὑμῖν λέγω λαμβάνειν τῶν ἐμῶν
χρημάτων νῦν ἔνδοθεν, καὶ 1195
μηδὲν οὕτως εὖ σεσημάν-
θαι τὸ μὴ οὐχὶ
τοὺς ῥύπους ἀνασπάσαι,
χἄττ' <ἂν> ἔνδον ᾖ φορεῖν.
Ὄψεται δ' οὐδὲν σκοπῶν, εἰ 1200
μή τις ὑμῶν
ὀξύτερον ἐμοῦ βλέπει.

Εἰ δέ τῳ μὴ σῖτος ὑμῶν [Ant. 2]
ἐστι, βόσκει δ' οἰκέτας καὶ
σμικρὰ πολλὰ παιδία, 1205
ἔστι παρ' ἐμοῦ λαβεῖν πυρίδια λεπτὰ μέν, ὁ δ'
ἄρτος ἀπὸ χοίνικος ἰδεῖν μάλα νεανίας.
Ὅστις οὖν βούλεται τῶν πενήτων ἴτω
εἰς ἐμοῦ σάκους ἔχων καὶ
κωρύκους· ὡς λήψεται πυ- 1210
ρούς. Ὁ Μανῆς δ'
οὑμὸς αὐτοῖς ἐμβαλεῖ.
Πρός γε μέντοι τὴν θύραν
προαγορεύω μὴ βαδίζειν
τὴν ἐμήν, ἀλλ'
εὐλαβεῖσθαι τὴν κύνα. 1215

ΠΡΥ. Ἄνοιγε τὴν θύραν σύ. Παραχωρεῖν σ' ἔδει.
Ὑμεῖς, τί κάθησθε; Μῶν ἐγὼ τῇ λαμπάδι
ὑμᾶς κατακαύσω; Φορτικὸν τὸ χωρίον.
Οὐκ ἂν ποήσαιμ'. Εἰ δὲ πάνυ δεῖ τοῦτο δρᾶν,
ὑμῖν χαρίζεσθαι ταλαιπωρήσομεν. 1220

ΑΘΗΝΑΙΟΣ
Χἠμεῖς γε μετὰ σοῦ ξυνταλαιπωρήσομεν.

ΠΡΥ. Οὐκ ἄπιτε; Κωκύσεσθε τὰς τρίχας μακρά.
Οὐκ ἄπιθ', ὅπως ἂν οἱ Λάκωνες ἔνδοθεν
καθ' ἡσυχίαν ἀπίωσιν εὐωχημένοι;
ΑΘ. Οὔπω τοιοῦτον συμπόσιον ὄπωπ' ἐγώ. 1225
Ἦ καὶ χαρίεντες ἦσαν οἱ Λακωνικοί·
ἡμεῖς δ' ἐν οἴνῳ συμπόται σοφώτατοι.
ΠΡΥ. Ὀρθῶς γ', ὁτιὴ νήφοντες οὐχ ὑγιαίνομεν.
Ἢν τοὺς Ἀθηναίους ἐγὼ πείσω λέγων,
μεθυόντες ἀεὶ πανταχοῖ πρεσβεύσομεν. 1230
Νῦν μὲν γὰρ ὅταν ἔλθωμεν εἰς Λακεδαίμονα
νήφοντες, εὐθὺς βλέπομεν ὅ τι ταράξομεν·
ὥσθ' ὅ τι μὲν ἂν λέγωσιν οὐκ ἀκούομεν,
ἃ δ' οὐ λέγουσι, ταῦθ' ὑπονενοήκαμεν,
ἀγγέλλομεν δ' οὐ ταὐτὰ τῶν αὐτῶν πέρι. 1235
Νυνὶ δ' ἅπαντ' ἤρεσκεν· ὥστ' εἰ μέν γέ τις
ᾄδοι Τελαμῶνος, Κλειταγόρας ᾄδειν δέον,
ἐπῃνέσαμεν ἂν καὶ πρὸς ἐπιωρκήσαμεν.
Ἀλλ' οὑτοιὶ γὰρ αὖθις ἔρχονται πάλιν
εἰς ταὐτόν. Οὐκ ἐρρήσετ', ὦ μαστιγίαι; 1240
ΑΘ. Νὴ τὸν Δί'· ὡς ἤδη γε χωροῦσ' ἔνδοθεν.
ΛΑ. Ὦ πολυχαρείδα, λαβὲ τὰ φυσατήρια,
ἵν' ἐγὼ διποδιάξω τε κἀείσω καλὸν
ἐς τοὺς Ἀσαναίους τε χἄμ' ἄεισμ' ἁμᾶ.
ΠΡΥ. Λαβὲ δῆτα τὰς φυσαλλίδας πρὸς τῶν θεῶν· 1245
ὡς ἥδομαί γ' ὑμᾶς ὁρῶν ὀρχουμένους.

ΛΑ. Ὁρμαὸν τῷ κυρσανίῳ, Μναμόνα, 1247-1248
τὰν τεὰν Μῶἁν, ἅτις
οἶδεν ἁμὲ τούς τ' Ἀσαναί- 1250
ους, ὅκα τοὶ μὲν ἐπ' Ἀρταμιτίῳ
πρώκροον συείκελοι
ποττὰ κᾶλα τοὺς Μήδους τ' ἐνίκων·
ἁμὲ δ' αὖ Λεωνίδας
ἆγεν ἅπερ τὼς κάπρως θά- 1255
γοντας, οἰῶ, τὸν ὀδόντα· πολὺς δ'
ἀμφὶ τὰς γέννας ἀφρὸς ἤνσεεν, πο-
λὺς δ' ἁμᾶ καττῶν σκελῶν ἵετο. 1258-1259
Ἦν γὰρ τὤνδρες οὐκ ἐλάσσως 1260
τᾶς ψάμμας τοὶ Πέρσαι.
Ἀγροτέρα σηροκτόνε, μόλε δεῦρο, παρσένε
σιά, 1262-1263
ποττὰς σπονδάς,

ὡς συνέχῃς πολὺν ἀμὲ χρόνον. Νῦν δ' 1265
αὖ φιλία τ' ἀὲς εὔπορος εἴη 1266–1267
ταῖσι συνθήκαισι, καὶ τᾶν αἰμυλᾶν ἀ- 1268–1269
λωπέκων παυσαίμεθα. 1270
Ὦ, δεῦρ' ἴθι, δεῦρο,
ὦ κυναγὲ παρσένε.

ΠΡΥ. Ἄγε νυν ἐπειδὴ τἄλλα πεπόηται καλῶς,
ἀπάγεσθε ταύτας, ὦ Λάκωνες, τασδεδὶ
ὑμεῖς· ἀνὴρ δὲ παρὰ γυναῖκα καὶ γυνὴ 1275
στήτω παρ' ἄνδρα, κᾆτ' ἐπ' ἀγαθαῖς ξυμφοραῖς
ὀρχησάμενοι θεοῖσιν εὐλαβώμεθα
τὸ λοιπὸν αὖθις μὴ 'ξαμαρτάνειν ἔτι.

ΧΟ. Πρόσαγε χορόν, ἔπαγε χάριτας,
ἐπὶ δὲ κάλεσον Ἄρτεμιν, 1280
ἐπὶ δὲ δίδυμον ἀγέχορον Ἰήιον
εὔφρον', ἐπὶ δὲ Νύσιον, 1282–1283
ὃς μετὰ μαινάσιν ὄμμασι δαίεται,
Δία τε πυρὶ φλεγόμενον, ἐπὶ δὲ 1285
πότνιαν ἄλοχον ὀλβίαν·
εἶτα δὲ δαίμονας, οἷς ἐπιμάρτυσι
χρησόμεθ' οὐκ ἐπιλήσμοσιν
ἡσυχίας πέρι τῆς μεγαλόφρονος,
ἣν ἐπόησε θεὰ Κύπρις. 1290
Ἀλαλαί, ἰὴ παιών.
Αἴρεσθ' ἄνω, ἰαί,
ὡς ἐπὶ νίκῃ, ἰαί.
Εὐοῖ, εὐοῖ, εὐαῖ, εὐαῖ.

ΠΡΥ. Λάκων, πρόφαινε δὴ σὺ μοῦσαν ἔτι νέαν. 1295

ΛΑ. Ταΰγετον αὖτ' ἐραννὸν ἐκλιπῶά,
Μῶά μόλε, <μόλε,> Λάκαινα, πρεπτὸν
ἀμὶν 1297–1298
κλέωά τὸν Ἀμύκλαις σιὸν
καὶ Χαλκίοικον ἄνασσαν, 1300
Τυνδαρίδας τ' ἀγασώς,
τοὶ δὴ πὰρ Εὐρώταν ψιάδδοντι.
Εἶα μάλ' ἔμβη,
ὦ εἶα κοῦφα πᾶλον,
ὡς Σπάρταν ὑμνίωμες, 1305
τᾷ σιῶν χοροὶ μέλοντι

καὶ ποδῶν κτύπος,
<ὅχ'> ἆτε πῶλοι ταὶ κόραι
πὰρ τὸν Εὐρώταν
ἀμπάλλοντι, πυκνὰ ποδοῖν 1310
ἀγκονίωαί,
ταὶ δὲ κόμαι σείονται
ἆπερ Βακχᾶν θυρσαδδωᾶν καὶ παιδδωᾶν.
Ἀγῆται δ' ἀ Λήδας παῖς
ἀγνὰ χοραγὸς εὐπρεπής. 1315

Ἀλλ' ἄγε, κόμαν παραμπύκιδδε χερὶ ποδοῖν τε
πάδη 1316-1317
ᾇ τις ἔλαφος, κρότον δ' ἀμᾶ ποίη
χορωφελήταν, 1318-1319
καὶ τὰν κρατίσταν παμμάχον, τὰν Χαλκίοικον
ὕμνη. 1320-1321

Commentary

Abbreviations and Symbols:
GP = J.D. Denniston, *Greek Particles* (2nd ed., Oxford, 1954) (page references).
Henderson = Jeffrey Henderson, *The Maculate Muse* (New Haven, 1975) (section references).
S = H.W. Smyth, *Greek Grammar*, rev. by G. Messing (Cambridge, Mass., 1956) (section references).
Σ = quoted from *scholia* (notes by ancient and Byzantine scholars preserved in the margins of manuscripts) using the edition of G. Stein (Göttingen, 1891).
sc. = the following is to be supplied.
Sutherland = *Aristophanes Lysistrata*, trans. by Donald Sutherland (San Francisco, 1961).
< = comes from

1–253   Prologue. The meter is iambic trimeter (See Metrical Note). The opening scene is a street near the entrance to the Acropolis. Lysistrata, a youthful Athenian matron, enters. For possible historical identification, see Appendix.

1   ἀλλ(ά): continuing a previously unuttered train of thought. The suppression of vowel sounds (elision, S 70) or the blending of them (crasis, S 62) is extremely common.
Βαχκεῖον: "shrine " or "festival" of Bacchus

2   (ἐ)ς Πανός: "to (the festival—or shrine) of Pan." For the goat-god Pan and his shrine, see on 721 and 998.
(ἐ)ς Κωλιάδ(α): Cape Colias, 7½ miles SE of Athens, was the site of shrines to the local goddess Colias, who had come to be identified with Aphrodite, and to Genetyllis, a goddess of childbirth, sometimes also identified with Aphrodite.

3   ἄν ... ἄν: The repetition of ἄν is not uncommon.
ὑπὸ τῶν τυμπάνων: "because of the drums." The tympanon was a small hand-beaten drum played by women, chiefly in the worship of Dionysus and Cybele.

Calonice, identifiable from her mask as a typical middle-aged woman of Athenian comedy, enters from a door of the scene building.

5 πλήν: adverb introducing correction of what she has just said.
ἡ γ(ε) ἐμὴ κωμῆτις: "my neighbor." γε, often untranslatable, focuses the hearer's attention on a specific idea or thing, in the same way that voice accent or shift in word arrangement does in English.
ἤδ(ε): regularly used to announce entrances in drama; it can be rendered "here."

6 χαῖρ(ε) ... καὶ σύγ(ε) (χαῖρε).

7 συντετάραξαι: pf. pass. <συνταράσσω.
μὴ σκυθρώπαζ(ε): "stop looking gloomy" (S 1841).
τέκνον: not colloquial. This obviously comic character talks to her friend like a nurse in a tragedy.

8 τοξοποιεῖν: "to make like a bow," i.e., "to knit." The analogy is to the double-curved "Cupid's bow."

9 τὴν καρδίαν: acc. of respect (S 1601a) with κάομαι (=καίομαι), "burn."

11 ὁτιή=ὅτι, "because."
παρά: "in the eyes of."

12 καὶ γάρ: "and (they are right,) for ... ," a standard elliptical expression.
νὴ Δία: "by Zeus." An oath introduced by νή is affirmative; one introduced by μά is negative (S 1596b).

13 εἰρημένον: functions as pf. part. pass. of λέγω; acc. abs. (S 2076b), "when word has been given."

14 -αισιν=-αις, used for metrical reasons.
οὐ περὶ φαύλου πράγματος: "about no trivial matter."

15 κ(αὶ) οὐχ

16 τοι: "don't forget" (GP 537).

17 ἐκύπτασεν: "stoops over," i.e., "is busy with (περί)." The verbs in 17-19 are in the "gnomic" aorist, used to state a general truth and translated by the English present (S 1931).

19 ἐψώμισεν: "feeds with bite-sized pieces (ψωμοί)."

Aristophanes' Lysistrata 39

20 ἀλλὰ ... γάρ: "but, (these things should not detain them,) for ... "
προὑργιαίτερα: "more important," <the adjectival phrase προὔργου <πρὸ ἔργου.

21f τί δ' ἐστίν ... ἐφ' ὅ τι ποθ' (=ποτέ): "what is it for which ... ," i.e., "what is the reason why ... anyway"; ποτέ is used in questions with an intensive force.
ξυν-: the standard spelling of the later συν- in Attic inscriptions during the 5th century.

23 πηλίκον τι: τις, τι is often added to expressions of quantity, making them less precise: "about how big ... ?"
μῶν=μὴ οὖν, usually anticipating a negative answer: "not thick too?" Calonice, whose mind runs in such directions, is checking out an improbable hunch that sex is involved. Lysistrata's confirmation (24) is unexpected.

24 καί: "yes."
κᾆτα=καὶ εἶτα.

25 ταχὺ γὰρ ἂν ξυνήλθομεν: "for (with that incentive) we would have ... "; contrary to fact.

26 ἀνεζητημένον: pf. part. pass. <ἀναζητέω, used with ἐστίν to form a periphrastic pf. indic. (S 599d); "has been thoroughly examined."

27 ἀγρυπνίαισιν: "sleepless nights."
ἐρριπτασμένον: pf. part. pass. <ῥιπτάζω, "toss about."

28 ἦ που: "then, I expect" (GP 286).
λεπτόν: here, "slender"; in 29, "subtle."
τοὐρριπτασμένον=τὸ ἐρ-. Calonice continues to think in very specific sexual terms (Henderson 310).

29 οὕτω γε: "yes, so ... "
ὥσθ'=ὥστε.

30 ἐν: "in the hands of."

31 ἐπ' ... εἴχετο: "on little indeed is it supported," i.e., "it is held, then, by a slender enough thread." The expression has its origin in the image of a moored ship. The impf. tense (usually of εἰμί) is used with ἄρα to indicate the recognition of a fact which has been true all along: "it appears, after all" (S 1902).

32 (ἴσθι) ὡς: "you should realize that (S 3001) the cause of the city is in our hands, either for them no longer to be, neither the Peloponnesians ... " The Peloponnesians (i.e., Sparta and her Peloponnesian allies) are paired with the Boeotians (35); the alternative outcome, destruction of Athens, which would have been introduced by a second ἤ, is never put in words.

34 βέλτιστα τοίνυν (ἐστὶ τοὺς Πελοποννησίους) μηκέτι εἶναι. This use of the neuter pl. instead of the sing. is common (S 1052).
τοίνυν: "then."

35 Βοιωτίους τε ... ἐξολωλέναι (<ἐξόλλυμι): "and for the Boeotians to perish utterly," continuing the thought interrupted by line 34, but changing the construction from negative (μήτε) to positive (τε).

36 μὴ δῆτα ... γ(ε): an excited negative, "no, not ...!"
ἄφελε: <ἀφαιρέω, "take away, spare."
τὰς ἐγχέλεις: The eels of Lake Copais, a now extinct marshy lake of western Boeotia, were considered a delicacy.

37 ἐπιγλωττήσομαι: "put the tongue to, utter."

39 ἤν=ἐάν.

40 αἵ: The definite article is accented because of the following enclitic.
τε ... τε ... τε: "[both] ... and ... and."
ἐκ Βοιωτῶν: "from Boeotia," lit., "from the Boeotians." The ancient Greek practice was to refer to the people rather than the political or geographical unit.

41 κοινῇ: "by cooperative action, by working together."

42 ἐργασαίατο=ἐργάσαιντο; an Ionic Greek form.

43 ἐξηνθισμέναι: <ἐξανθίζω. The precise interpretation is unclear: "decked out with flowers" or, referring to cosmetics, "brightly painted" or, figuratively, "blossoming prettily."

44 κροκωτοφοροῦσαι: "wearing saffron gowns." The κροκωτὸς χιτών was a body garment, presumably colored with yellow dye from the saffron crocus.
κεκαλλωπισμέναι: <καλλωπίζω, "beautify."

45 Κιμβέρικ(α) ὀρθοστάδια καὶ περιβαρίδας: "Cimberic dresses and shoes," retained acc. with the pass. κεκαλλω-

Aristophanes' Lysistrata   41

πισμέναι, "dressed up in" (S 1628, 1632). The dresses were full length chitons of fine material. The precise nature of the shoes is not known, nor is the origin of the term Cimberic.

46 γάρ τοι: "yes, for ... " (GP 88-89).
κἆσθ' ἄ=καὶ ἔστι ἄ; καί, "in fact" (GP 307-8).
σώσειν: Supply ἡμᾶς or τὴν Ἑλλάδα as object.

47 μύρα: "perfumes."
χαί=καὶ αἱ.

48 χἤγχουσα=καὶ ἡ ἔγχουσα: "rouge," made from the root of the plant alkanet, *anchusa tinctoria*.
διαφανῆ χιτώνια: The evidence of contemporary art suggests a current vogue of diaphanous clothing, possibly the result of the introduction of silk cloth (see on 735).

49 μηδένα: acc. sing. instead of the pl. which would seem to be required by ἀλλήλοισιν.

51 νὴ τὼ θεώ: "by the two goddesses," i.e., Demeter and Persephone. This is the meaning when an Athenian woman uses the oath.
βάψομαι: "I'll have it dyed," causative mid. (S 1725).

52 ἐνδύσομαι: "I'll put on": mid. because she dresses herself.

53 ξιφίδιον: "dagger"; diminutive of ξίφος, "sword."

54 παρεῖναι ... ἐχρῆν: impf. indic. of χρή without ἄν expressing what ought to be but is not (S 1775); "then (δῆτα) shouldn't the women be here?"

55 οὐ γὰρ ἀλλά: "no, but (more than that)." The expected affirmative answer is rejected in favor of a stronger one. (GP 88).
μὰ Δία: See on 12.

56 ὦ μέλ(ε): "my friend." This noun occurs only in the voc. and has no distinctive f. form.
ὄψει: <ὄψομαι, which functions as fut. of ὁράω.
σφόδρ(α) ... Ἀττικάς: "being all too Athenian."

57 δρώσας: pres. part. f. <δράω.
τοῦ δέοντος: <δέον, "necessary, needful."

58 Παράλων: "the people of the seacoast." The Paralia was a division of Attica covering the tip of the isthmus.
πάρα=πάρεστι; note characteristic recessive accent (S 175b).

59 Σαλαμῖνος: Salamis is an island in the Saronic gulf west of Piraeus, famous for the naval battle between Greeks and Persians in 480 B.C. Its mention arises naturally from an extraneous association: the two official sacred galleys of Athens bore the names Paralia and Salaminia.
ἐκεῖναι: subject of διαβεβήκασι in 60, but attracted from its clause to a position of emphasis.

60 ἐπὶ τῶν κελήτων: an example of conjugal humor. κέλης has three related meanings: (1) a riding horse or pony, (2) a small boat, (3) a sexual position in which the woman is above the man. The surface meaning in this passage is (2), with allusion to (3).

61 προσεδόκων: <προσδοκάω, "expect."
κἀλογιζόμην=καὶ ἐλογιζόμην.

62 Ἀχαρνέων: <Ἀχαρνεύς, "Archarnian." Acharnae was the largest township ("deme") of Athens. The Acharnians had a reputation for bravery and hawkishness but had suffered badly in the war.

62f τὰς ... γυναῖκας: subject of ἥκουσιν, but attracted into the acc. by the rel. pron. ἅς (S 2533).
ἡ ... Θεογένους (γυνή): Theogenes was a prominent politician, much lampooned by the comedians.
γοῦν: "at any rate."

64 ἰοῦσα: <εἶμι, used as fut. of ἔρχομαι.
θοὐκάτειον (=τὸ Ἑκάτειον) ἤρετο: "consulted the shrine of Hecate." An ancient source explains that Theogenes (*not* his wife), a superstitious man, consulted Hecate, goddess of witchcraft, whenever he went anywhere. ἤρετο <ἔρομαι, "ask."

Several female characters enter by one of the entrance corridors (parodoi). Their leader, represented through her mask as a youthful, attractive matron, will be identified by name as Myrrhine (see Appendix).

65 ἀτὰρ ... καὶ δή σοι: "but look ... "; σοι is an ethical dat., whose function is simply to direct the attention of the person addressed to what is being said (S 1486).
αἵδε: See on 5.

66 αἶδ' αὖθ'=αἶδε αὖτε, with a gesture in the other direction.
ἰού, ἰού: "phew, phew!"

67 Ἀναγυρουντόθεν: "from Anagyrus." Anagyrus (Ἀναγυροῦς) was a coastal township SE of Athens near the foot of Mt. Hymettus.

68 Ἀνάγυρος: The *Anagyris foetida* (bean trefoil) is a shrub with a particularly unpleasant odor which is intensified if a part is crushed or bruised; hence the expression κινεῖν Ἀνάγυρον, "to disturb Anagyrus," i.e., to stir up something best left alone. Here, the implication is that by their odor the women bring evidence of their origin.

69 μῶν: "we're not ... are we?" See on 23.

72 γάρ: suggesting an ellipsis: "(I couldn't help it) for."
τὸ ζώνιον: "belt" or "sash."

73 ἀλλ' εἴ τι πάνυ δεῖ: "but, if there is some real urgency."

74 ἐπαναμείνωμεν: "let's wait for," hortatory subj.
ὀλίγου γ' εἵνεκα (χρόνου): "at least a little while."

At least three female characters appear from the parodos to the right of the audience, led by a husky woman in Doric chiton, the Spartan Lampito, (see Appendix for possible identification). With her are a slim, neat girl from Boeotia and a sexy Corinthian. All wear revealing costumes over flesh-colored body suits, appropriately padded to modify the male bodies beneath (all Athenian actors were male).

77 ἡδί=ἥδε, the deictic iota signalling a pointing gesture (S 338g).

78 Λάκαινα: f. <ὁ Λάκων, "Spartan."
Λαμπιτοῖ: voc. (S 279).

79 οἷον ... φαίνεται: "how manifest your beauty is," i.e., "how beautiful you look!"

80 ὡς δ' εὐχροεῖς: "how nice a complexion you have."
ὡς δὲ σφριγᾷ τὸ σῶμα: "how your body bulges," i.e., "what a well developed figure you have."

81 κ(αὶ) ἂν ταῦρον ἄγχοις: potential opt., "(if given the opportunity,) you could actually (καί) throttle a bull."

81ff The Spartan characters use a form of Laconian Greek, which is, as with most literary reproductions of dialect, impressionistic rather than consistent and accurate. Translations into Attic Greek are provided in the commentary.

81f =μάλα γε, οἴομαι, νὴ τὼ θεώ, γυμνάζομαί γὰρ καὶ πρὸς πυγὴν ἅλλομαι.
ναὶ τὼ σιώ: An oath by the two gods in the mouth of a Spartan is an invocation of Castor and Polydeuces.
γυμνάδδομαι: "I exercise in the nude."
ποτὶ πυγὰν ἅλλομαι: "I kick my heels against my butt." This is presumably accompanied by a brief but vigorous demonstration of a Spartan dance called the βίβασις which involved a series of rumpward kicks. The endurance record is reported to be 1000 successive contacts.

83 τὸ χρῆμα τῶν τιτθίων: χρῆμα is sometimes used with the gen. to stress size, strength *et al.* (S 1294); lit., "how fine the thing of breasts you have!", i.e., "what fine big breasts you have!" The Doric chiton was a single piece of cloth, folded, ungirded, fastened at the shoulders and hanging in ample folds, but potentially open at one side.

84 ἅπερ (=ὥσπερ) ... ὑποψαλάσσετε: "hey, you're feeling me over like a sacrificial animal (ἱερεῖον)." Greek priests carefully checked victims for imperfections before sacrifice.

85 ποδαπή: "from what country?"
'σθ'=ἐστι.
ἀτέρα=ἡ ἑτέρα.

86 πρέσβειρα: f. <πρέσβυς, "delegate."

87 ἵκει ποθ' ὕμε=ἱκνεῖται πρὸς ὑμᾶς.
Βοιωτία: either "woman of Boeotia" or "Boeotia" (the district). The ambiguity permits a series of personal comments on the newcomer's anatomy expressed in topographic and botanical language.

88 τὸ πεδίον: appropriate to Boeotia, which has fertile plains. It also leads into the joke of the next line, as a sly allusion to the female genitals.

89 κομψότατα: "very neatly."
τὴν βληχώ: acc. of respect depending on the part. παρατετιλμένη (S 1601a), "plucked." The plant is the pennyroyal. The anatomical allusion is to the pubic hair, which Greek women made a practice of plucking or otherwise removing.

90 χαῖα=ἀγαθή (Σ), "good, noble-born." The rough breathing represents an intervocalic aspirate: "h". The joke is, apparently, an implied contrast between this woman's virtue and her origin; Corinthian women had a reputation for sexual promiscuity.

91 αὖ: apparently intended to be a Laconian expletive; it occurs seven times in Spartan passages (93, 144, 171, 990, 1098, 1266) without a translatable meaning.

92 οὖσα: supplementary part. (S 2107); "she obviously is."
ταυταγὶ τὰ (ἐ)ντευθενί: acc. of respect; lit., "when it comes to these parts (viewed) from here," i.e., "from this angle."

93 συναλίαξε=ξυνήλισε, <ξυναλίζω, "muster."

94 τᾶν=τῶν

94f μύθιζε (=λέγε) σὺ ὅ τι θέλεις πρὸς ἡμᾶς.

97 λέγοιμ' ἂν ἤδη: "the potential optative ranges from possibility to fixed resolve" (S 1824a). Here, it expresses the latter: "I'll tell you right away."

97f ὑμᾶς τοδὶ ἐπερήσομαι: double acc. with verb of asking (S 1628); "I will ask the following of you."

100 ἐπὶ στρατιᾶς: "on active service."

101 ἀποδημῶν: part., "being away from home."

102 ὦ τάλαν: m. voc.; lit., "unfortunate one," directed less to the party addressed than to the situation: "worse luck."

103 ἄπεστιν: "has been away" (S 1885).
ἐπὶ Θράκης: "towards Thrace"; the Thraceward regions, which included the Chalcidice peninsula, had been very important earlier in the war but seem to have been militarily inactive at this time.
Εὐκράτη: Eucrates was the brother of the better known Nicias. The circumstances of the campaign are unknown, as is the need for keeping a watch on him. This is an example of ἀπροσδόκητον humor, the name of a person substituted for an expected place name.

104 ἐν Πύλῳ: Pylos was a fortified seacoast position west of Sparta, occupied by the Athenians in 425 B.C. and held by them until 409, two years after the presentation of this play.

105f =ὁ δ' ἐμός γε, καὶ ἐὰν ἐκ τῆς τάξεως ἔλθῃ ποτέ, πορπακισάμενος φροῦδος ἀναπτάμενος ἔβη.
ἐκ τᾶς ταγᾶς: "from the army."
πορπακισάμενος: "having attached his shield-strap." The πόρπαξ was a strap across the back of the shield through which the hoplite soldier slipped his arm. His hand would grasp a cord which ran around the inside edge. The Spartans removed the straps from their shields to keep their serfs, the helots, from using them.
φροῦδος ... ἔβα: a more vivid equivalent of ἀπέβη. The aor. is "gnomic"; see on 17.
ἀμπτάμενος: aor. part. <ἀναπέτομαι, "fly up, take wing."

107 οὐδὲ μοιχοῦ ... φεψάλυξ: "not so much as a spark of a lover."

108 ἐξ οὗ: "from (the time) when, since."
γάρ: explaining the general state of deprivation, rather than making φεψάλυξ equal ὄλισβος.
προὔδοσαν=προέδοσαν. Miletus was one of several Ionian Greek cities on the coast of Asia Minor which had recently revolted from Athens. Its loss was bitterly felt.

109 εἶδον: here, close in meaning to the English perfect (S 1940).
ὄλισβον ὀκτωδάκτυλον: "six-inch substitute" (Sutherland). The ὄλισβος was an appropriately shaped leather (σκυτίνη) instrument for female sexual stimulation. The δάκτυλος, a measurement derived from the width of a finger, was 1/16th of a foot. Eight dactyls are then six inches.

110 σκυτίνη (ἐ)πικουρία: "leather helper"; this description of the olisbos is a punning parody of a proverbial expression: συκίνη ἐπικουρία, "fig-wood support," meaning something undependable and alluding to the unreliability of figwood as a building material.

113 ἐγωγέ τ(ε) ἂν (ἐθέλοιμι), κ(αὶ) ἂν εἴ: "I would, even if." "κἂν εἰ is often used for the simple καὶ εἰ and without regard to the mood of the following verb" (S 1766b).
τοὔγκυκλον=τὸ ἔγκυκλον, a garment worn over her chiton, "wrap-around, coat."

114 καταθεῖσαν: <κατατίθημι.
The nature of the proposed personal sacrifice is revealed by stages, first a gesture toward her coat (τουτί), then the

participle, which could mean "having laid down" but turns out to be "having pawned, having hocked," and finally the unexpected "to drink it (i.e., the wine purchased by the proceeds) up in a day."

115– ἐγὼ δέ γ(ε) ἂν (ἐθέλοιμι), κ(αὶ) (ἐ)άν, ὡσπερεὶ ψῆτταν,
16 (ἐμαυτὴν παρατεμεῖν) δοκῶ, (ἐμαυτὴν) παρατεμοῦσα δοῦναι ἂν ἐμαυτῆς τὸ ἥμισυ: lit., "and I'd be willing, even if I seem to split myself like a flounder, to split myself and give half of myself." The ἄν of 116 repeats the first ἄν of 115.

117– =ἐγὼ δὲ καὶ ἂν πρὸς τὸ Ταΰγετον ἄνω ἔλθοιμι ὅπη μέλ-
18 λοιμί γε εἰρήνην ἰδεῖν.
Ταΰγετον: Taygetus is a mountain range to the west of Sparta with an excellent view of the plain. The athletic Lampito thinks in terms of a difficult physical feat.
ὅπα μέλλοιμι: "wherever I would be likely, ... " i.e., "if there I would be likely ... "

119 λέγοιμ(ι) ἄν: See on 97.

122 ἀφεκτέ(α) ἐστι: impers. pass. construction of the verbal adj. (<ἀπέχομαι) with ἡμῖν (120) as dat. of agent; "we must abstain." The neuter plural is not as common as the singular (S 2152).
τοῦ=τίνος: "from what?"
ποήσετε=ποιήσετε (S 385N2).

124 τοῦ πέους: "from the penis," i.e., "from sex." That such abstinence is no cure for a situation where the stated problem is a lack of male attention is an obvious inconsistency.

125 μοι: ethical dat., "I ask you"; see on 65.

126 αὗται: voc., "you here."
μοιμνᾶτε: "press your lips together." This, as well as the color change and tears (127), would have to be imagined because of the masks.
κ(αὶ) ἀνανεύετε: actually, "and nod upward (in dissent)," to this day the normal gesture of refusal among Greek speakers. Trans.: "and shake your heads."

127 κατείβεται: "run down (your cheeks)," a poetic word.

128 μέλλετε: "hesitate."

129 οὐκ ἂν ποήσαιμ(ι): potential opt. of refusal, "I won't do it."

ὁ πόλεμος ἑρπέτω: "let the war creep on," i.e., "continue." This section parodies tragic style.

131 καὶ μὴν ... γε: "and yet."

132 κ(αὶ) ἂν παρατεμεῖν: representing an aor. opt. in the assumed original statement (S 1848); "that you would even split."

133 ἄλλ(ο), ἄλλ(ο).

134 τοῦτο (ἐθέλω) μᾶλλον (ἢ) τοῦ πέους (ἀπέχειν).

135 οὐδὲν γὰρ οἷον: "because there's nothing like it." There was a strong tradition among the Greeks, at least among the men, that sex was more pleasurable for women than for men.

136 δαί: equivalent to δή and used after interrogatives.

137 παγκατάπυγον: "completely degenerate."
θἠμέτερον = τὸ ἡμέτερον.

138 οὐκ ἐτός: "no wonder."
ἀφ' ἡμῶν εἰσιν: "are from us," i.e., "are written about us."

139 πλὴν Ποσειδῶν καὶ σκάφη: "except Poseidon and a skiff," i.e., "good for nothing except conceiving and bearing" (Σ); according to the scholiast, the allusion is to a lost play of Sophocles, the *Tyro*, whose heroine was impregnated by Poseidon, and in which a skiff, presumably that in which the babies were abandoned, played a part. Tyro's children were Pelias, wicked uncle of Jason, and Neleus, father of Nestor of Pylos.

141 τὸ πρᾶγμ' ἀνασωσαίμεσθ' ἔτ' ἄν: "we still might save the cause," a potential opt. used as the main verb in a fut. more vivid condition. -μεσθα for -μεθα is common in epic poetry and drama.

142 ξυμψηφίσαι: aor. imperative mid., "vote with."

142–44 = χαλεπὰ μέν (ἐστι), νὴ τὼ θεώ, γυναῖκας ὑπνοῦν μόνας ἄνευ ψωλῆς· ὁμῶς γε μήν· δεῖ γὰρ τῆς εἰρήνης μάλα.
χαλεπά: See on 34.
ἄνευ ψωλᾶς: "without their man"; the Greek is very specific: ψωλή is the penis with foreskin retracted.
ὅμως γε μάν: "nevertheless, however, (it must be done)," answering μέν in 142 (GP 348).

δεῖ (ἡμῖν): "we need" + gen. (S 1400).
γάρ: Normally γάρ stands as second element.
146 ὡς μάλιστ(α): "as much as possible," i.e., "completely."
οὗ: The relative is often attracted to the case of the assumed antecedent (S 2531).
147 ὅ: a loosely connected relative, n. nom., whose antecedent is the idea just expressed, rather than a specific word; "may it not happen!"
149 καθήμεθα: <κάθημαι. The condition switches from simple to future less vivid with παρίοιμεν (151).
ἐντετριμμέναι: pf. part. pass. <ἐντρίβω; "rubbed in," i.e., "wearing make-up."
150 κἄν=καὶ ἐν.
τοῖς Ἀμοργίνοις: made from cloth apparently named from the small island of Amorgos, presumably the sheer material of 48, a type of silk cloth or a very fine linen.
151 γυμναί: here, "with nothing on underneath."
παρίοιμεν: opt. <πάρειμι; "were to go up to (or past) them."
δέλτα: referring to the pubic regions; "with our deltas plucked"; see on 89.
152 στύοιντο: "become aroused" (sexually).
ἄνδρες=οἱ ἄνδρες.
σπλεκοῦν: a colloquial verb for sexual intercourse.
154 The effective-sounding "game-plan" just described is not actually followed. Instead, the women withdraw to the Acropolis and torment their men from a distance.
εὖ οἶδ(α) ὅτι: "I'm sure of it."
155f =ὁ γοῦν Μενέλαος τῆς Ἑλένης τὰ μῆλά που γυμνῆς παριδὼν ἐξέβαλε, οἴομαι, τὸ ξίφος.
τὰ μᾶλα: lit., "apples," i.e., "breasts." Lampito is alluding to the scene at the capture of Troy when the Spartan Menelaus finally catches up with his errant wife.
παραϊδών: aor. part. <παρεῖδον; "when he caught sight of"; the prefix implies a partial or imperfect viewing.
157 ἀφίωσι: <ἀφίημι, "leave alone."
ὦ μέλε: See on 56.

158 τὸ ... δεδαρμένην: apparently = "Pherecrates' bit—'skin a skinned bitch.'" Pherecrates was a contemporary comedian. The expression κύνα δέρειν δεδαρμένην, whether a quote from Pherecrates or a reference to the excruciating repetitiveness of his art, properly indicates the inflicting of suffering on suffering (Σ). It may refer to the added pain the men would inflict on themselves by unrelieved sexual arousal or to the women's use of the leather ὄλισβος, as Calonice promptly infers.

159 φλυαρία: noun, "rubbish," i.e., "no good."

160 δωμάτιον: "bedroom," diminutive < δῶμα, "house."

161 ἀντέχου: "hang on to" + partitive gen. (S 1345).

162 παρέχειν ... κακὰ κακῶς: "to supply evils evilly," i.e., "to yield with a thoroughly bad grace"

163 ἔνι = ἔνεστι.
τούτοις ... τοῖς πρὸς βίαν: either m., "for them when they use force," or n., "in these (intimacies) involving force."

164 κ(αὶ) ἄλλως: "and in general."
ὀδυνᾶν: "cause pain."
κ(αὶ) ἀμέλει: "and don't worry."

165 ἀπεροῦσιν: "they will give up."
εὐφρανθήσεται: fut. pass. < εὐφραίνω; "will be pleased."

166 ἐὰν ... συμφέρῃ: either personal, "if he doesn't get along with his wife," or impersonal, "unless it suits the woman."

167 σφῷν: dual; "to the two of you."

168–71 = καὶ τοὺς μὲν ἡμετέρους ἄνδρας ἡμεῖς πείσομεν πάντῃ δικαίως ἄδολον εἰρήνην ἄγειν· τὸν τῶν Ἀθηναίων γε μὴν ῥυάχετον πῶς ἄν τις ἀναπείσειεν μὴ πλαδδιᾶν.
ἄδολον: a two termination adj., here, f.
γα μάν: See on 144.
ῥυάχετον: "sewage," i.e., "rabble"; the word occurs only here.
πλαδδιῆν: "to act crazy," found only here and at 990 below.

172 τά γε παρ' ἡμῖν: "in respect to *our* situation."

173f = οὐχ, ἕως πόδας ἂν ἔχωσι αἱ τριήρεις καὶ τὸ ἀργύριον τὸ ἄβυσσον ᾖ παρὰ τῇ θεῷ.

ἇς πόδας κ' ἔχωντι: "as long as they have feet," probably an anatomical metaphor for oars.
πὰρ τᾷ σιῷ: "in the keeping of the goddess," i.e., of Athena. She refers to a reserve of 1000 talents put aside many years before under Pericles and now being tapped by the Athenians. The treasury was in a sanctuary on the Acropolis.

179 δοκούσαις: "while seeming to," i.e., "under the pretence of."

180 πάντ(α) εὖ κ(α) (=ἄν) ἔχοι: "all should be fine." ἔχω + adv. is roughly equivalent to the corresponding adj. and the verb εἰμί (S 1438).
τᾶδε=τῇδε, "here."

181f τί ... οὐχ ... ξυνωμόσαμεν: The aor. with τί οὐ in a question suggests that action should already have been taken; "why, then, haven't we ...?"
ὅπως ἂν ἀρρήκτως ἔχῃ: "that it may be inviolable." ἄν sometimes occurs in such purpose clauses (S 2201).

183 =παράφαινε μὴν τὸν ὅρκον ὅπως ὁμόσομεν.
ὡς ὁμιόμεθα: fut. <ὄμνυμι; "how we're going to swear."

184 ἡ Σκύθαινα: "the police woman." Scythian archers were used as police.
ποῖ βλέπεις: The Scythian is letting her attention wander.

185 θές: <τίθημι.
ὑπτίαν: "on its back." These instructions indicate a standard oath-taking ceremony, which, however, as the scene progresses, is parodied by the participants.

186 δότω: <δίδωμι.
τὰ τόμια: the pieces of the sacrificial victim essential to the oath ceremony.

187 ὁρκώσεις ἡμᾶς: "will you have us swear."
ὅντινα: "(you ask) what (oath)?"

188f (ὁρκώσω ὑμᾶς) εἰς ἀσπίδα ... μηλοσφαγούσας: "on a shield, while you sacrifice a sheep."
Αἰσχύλος ποτέ: sc. "wrote." There is nothing corresponding to this in the surviving plays of Aeschylus, except perhaps a reference to bull sacrifice in *Seven against Thebes*.

190 εἰρήνης πέρι: The shift of accent from final to first syllable of the preposition is normal when the noun precedes its preposition (S 175).

191f λευκόν ποθεν ἵππον: "a white horse from somewhere," either an allusion which can no longer be explained or simply an outlandish suggestion. L. interrupts before C. can complete her sentence.

193 ποῖ: lit., "whither"; here, "what are you getting at with your ... ?"

195 κύλικα: In this parody ceremony the broad shallow cup corresponds to the shield on its back, the jar (σταμνίον) of red Thasian wine (196) to the victim and its blood.

197 μὴ (ἐ)πιχεῖν: "not to pour." Not to add water is a sign of intemperance.

198 φεῦ δᾶ: a cry of surprise, whether pleasurable or painful.
ἄφατον ὡς: "(it's) impossible to say how ("exclamatory" ὡς) ... "
ἐπαινίω=ἐπαινῶ.

199 ἔνδοθεν: from the stage building.

200 ὁ κεραμὼν ὅσος (ἐστι): "how big the pot is!"

201 ἡσθείη: < ἥδομαι.

202 μοι: ethical dat., "for my sake," i.e., "please."
τοῦ κάπρου: "the boar," i.e., "the victim," partitive gen. with verb of grasping (S 1345). The custom was for all the participants to touch the sacrificial animal.

203 Πειθοῖ: the goddess Peitho, Persuasion, often associated with Aphrodite (208). A sanctuary to the two deities stood close to the entrance of the Acropolis.
φιλοτησία: "of friendship."

205 εὔχρων: "of good color," adj. with θαῖμα (=τὸ αἷμα) referring to the red wine.
ἀποπυτίζει: "gushes out."

206 καὶ μὰν ... γ': introducing a new fact: "yes, and ... "
ποτόδδει γ' ἁδύ=προσόζει γε ἡδύ, "smells sweet," i.e., "has a nice aroma."
ναὶ τὸν Κάστορα: See on 81.

207 First to swear is, naturally, first to drink.

208 λάχης: < λαγχάνω.

209 λάζυσθε: "grasp" + gen. (see on 202).
ὦ Λαμπιτοῖ: addressed as representing women from the other side.

Aristophanes' Lysistrata 53

210 μί(α): f. <εἷς.
211 ἐπομεῖσθε: "will swear after me."
    ἐμπεδώσετε: "will affirm."
212f μοιχός: "lover," apparently outranking ἀνήρ, "husband."
214 πρόσεισιν: <πρόσειμι (-ιέναι), with fut. force.
    ἐστυκώς: <στύω; see on 152.
216 ὑπολύεται: "are giving away."
217 ἀταυρώτη: lit., "unmounted by the bull," i.e., "in chastity," an Aeschylean word.
219 See on 44.
221 ἐπιτυφῇ: 2nd aor. pass. subj. <ἐπιτύφομαι, "be inflamed for" + gen.
223 πείσομαι: <πείθομαι.
225 ἄκουσαν: <ἄκων, "unwilling."
227 κοὐχὶ προσκινήσομαι: "and shall not move in response." κινέω is frequently used for sexual intercouse, the active denoting the male role (cf. 1166).
229 ὄροφον: "roof."
    ἀνατενῶ: <ἀνατείνω, "stretch up, raise," alluding to a commonly employed sexual position.
    τὼ Περσικά: acc. dual f., "shoes," rather than slippers or sandals. Perhaps Aristophanes intended a note of incongruity, a fragment of formal attire on a very informal occasion.
231 λέαιν(α) ἐπὶ τυροκνήστιδος: "(like) a lioness on a cheesegrater," i.e., in a crouching position. Crouching lions were a common decorative motif and are appropriately shaped, if otherwise incongruous, to serve as cheesegrater handles.
233 ταῦτ(α) ἐμπεδοῦσα=ἐὰν ταῦτα ἐμπεδῶ: "if I abide by these (conditions)."
234 πίοιμ(ι): 2nd aor. opt. <πίνω, "drink"; a wish, as the absence of ἄν shows.
235 ἐμπλῇθ᾽=ἐμπλῇτο, 2nd aor. opt. pass. <ἐμπίμπλημι, "fill with" + gen.
238 φέρ(ε): idiomatic, "all right."
    καθαγίσω: aor. subj., "let me consecrate." She lifts the cup to her lips.
    τὸ μέρος γ(ε): "just a part of it."

239 εὐθύς: "from the beginning."
240 ὠλολυγά=ἁ ὀλολυγά=ἡ ὀλολυγή, "outcry." τοῦτ(ὁ) (ἐστιν) ἐκεινο ὁ ἐγὼ (ἔ)λεγον.
241 τῆς θεοῦ: Athena.
242 κατειλήφασιν: <καταλαμβάνω.
243 τὰ παρ(ὰ) ὑμῖν: "things at your end." τίθει: pres. imper. <τίθημι.
244 τασδὶ ὁμήρους: "these as hostages," pointing to Lampito's allies. κατάλιφ'=κατάλιπε, aor. imper.
245 πόλει: πόλις without article is equivalent to ἡ Ἀκρόπολις.
246 ξυνεμβάλωμεν ... τοὺς μοχλούς: "let us help (ξυν-) insert the bars," sc. in the doors of the Propylaea, the entrance to the Acropolis.
247 οὔκουν: a strong οὐ; contrast οὐκοῦν, emphatic form of οὖν.
248 ὀλίγον ... μέλει: "there is little concern to me about them," i.e., "I'm hardly concerned about them" (S 1467).
249 πῦρ: sc. τοσοῦτον.
251 'φ' οἷσιν=ἐπὶ οἷς, "on the terms which."
252 ἄλλως: "in vain, to no purpose." γάρ: "for (if they did force an entry) ... "
253 μιαραί: "unbearable." κεκλήμεθ(α): pf. opt. pass. <καλέω (S 711c).

All depart, Lampito by the parodos through which she entered, the others into the stage building, which henceforth represents the Acropolis. From one of the side entrances comes a half-chorus of 12 very old men carrying two logs and a pot which contains burning charcoal.

254– The parodos (entry song of the chorus) is composed in a
386 variety of meters, mostly lyric. Lines 254-55, 266-70, 281-85, 306-18, 350-81 are iambic tetrameters catalectic (see Metrical Note) and were probably chanted or spoken rather than sung.

254 Δράκης: Draces, like Strymodorus (259), Philurgus (266), and Phaedrias (356), is a member of the chorus. βάδην: "step by step."

Aristophanes' Lysistrata 55

εἰ καὶ τὸν ὦμον ἀλγεῖς: "even if you do ache in your shoulder." The indic. mood emphasizes the reality of the pain.
255 κορμοῦ: "log"; limiting gen. with βάρος, approximately = βαρὺν κορμόν (S 1292).
χλωρᾶς ... ἐλάας: "of green olive wood."
260 γυναῖκας: acc. subject of the 3 following infinitives.
ἐβόσκομεν: used of feeding domestic animals and persons for whom one has responsibility.
261 ἐμφανὲς κακόν: describing γυναῖκας.
262 κατὰ ... ἔχειν; The separation of a prefix from its verb is called tmesis, "cutting." See also 263.
ἄγιον ... βρέτας: "the sacred statue," the old cult statue of Athena, shortly to be housed in the so-called Erechtheum.
264 μοχλοῖς καὶ κλήθροισιν: "with bolts and bars."
265 πακτοῦν: <πακτόω, "fasten, lock."
267 αὐταῖς ἐν κύκλῳ: approximately = ἀμφὶ αὐτῶν.
τὰ πρέμνα ταυτί: "these logs here."
268 ἐνεστήσαντο καὶ μετῆλθον: "undertook and carried out."
269 νήσαντες: <νέω, "pile up, heap up."
ἐμπρήσωμεν: <ἐμπίμπρημι, "set fire to" + acc.
αὐτόχειρες: adj., "with our own hands."
270 ἀπὸ ψήφου μίας: "by a single ballot."
τὴν Λύκωνος: Instead of τὴν Λυσιστράτην, the audience is given the wife of Lyco, Rhodia, a favorite butt of the comedians. This Lyco was, possibly, one of the three prosecutors of Socrates.
271 ἐγχανοῦνται: fut. <ἐγχάσκω, "jeer, have the laugh."
274 οὐδέ: "not even."
Κλεομένης: Nearly 100 years earlier, in 507 B.C., Cleomenes I of Sparta had intervened with a small force in an Athenian political dispute and had briefly seized the Acropolis (αὐτὴν κατέσχε).
275 ἀψάλακτος: "untouched."
276 ὅμως Λακωνικὸν πνέων: "although breathing Spartan," i.e., "despite his Spartan arrogance."
277 θὤπλα = τὰ ὅπλα.
παραδούς: <παραδίδωμι.

ἐμοί: The chorus members throughout lay claim to an incredible antiquity.

278 σμικρόν=μικρόν.
τριβώνιον: diminutive of τρίβων, "worn cloak."

279 πεινῶν: <πεινάω, "be hungry."
ῥυπῶν: <ῥυπόω, "be dirty."
ἀπαράτιλτος: "unplucked," i.e., "unshaved."

280 ἐξ ἐτῶν: gen. of time within which; "in the previous six years."

281 ὠμῶς: "savagely"; <ὠμός "raw, fierce."

282 ἐφ' ἑπτακαίδεκ(α) ἀσπίδων: "seventeen shields deep," i.e., their ranks were seventeen lines deep.
καθεύδων: i.e., they maintained their ranks night and day.

283 Euripides is included in tribute to his reputed misogyny.

284 ἄρα: suggesting that the idea is unthinkable; "can it be that I shall not ...?"
σχήσω: <ἔχω, "stop or hinder x (acc.) from y (gen.)"

285 μὴ νυν ἔτ(ι) ... τοὐμὸν τροπαῖον εἴη: "(if I don't,) may my trophy no longer stand." His trophy is the memorial of the Athenian rout (τροπή) of the Persians at Marathon in 490 B.C., 79 years earlier. Remains of the white marble column survive.
τῇ τετραπόλει: The Tetrapolis was a group of small towns including Marathon.

286f ἀλλά ... γάρ: elliptical; "but (enough talking) for ... " The disjointedness of their utterance reflects the effort being expended. "that's what I have left (αὐτὸ ... λοιπόν) of my journey, the part to the Acropolis, the uphill part" (τὸ σιμόν, lit., "the snub-nose").

288 οἷ σπουδὴν ἔχω: "whither I have haste," i.e., "where I am hurrying."

289 ἐξαμπρεύσομεν: "shall we haul?"

290 κανθηλίου: "pack-ass."

291 τὼ ξύλω: dual nom., "the two logs."
ἐξιπώκατον: pf. act. dual <ἐξιπόω, "press heavily upon."

292 βαδιστέον: impersonal verbal adj. <βαδίζω, "we must proceed," (see on 122).

293 φυσητέον: a verbal adj. <φυσάω in the personal construction with τὸ πῦρ (S 2151); "the fire is to be blown on," i.e., "we must fan the fire."

294 μή μ' ἀποσβεσθὲν λάθῃ: "for fear that it escape my notice being extinguished," i.e., "... go out without my noticing it." ἀποσβεσθέν is aor. pass. part. <ἀποσβέννυμι, supplementing λάθῃ (<λανθάνω).

295 καπνοῦ: gen. of cause used in an exclamation (S 1407), "ow, ow, the smoke!"

296 ὡς δεινόν: "how frightful!" Exclamatory ὡς.
ὦ (ἄ)ναξ.

297 προσπεσόν: aor. act. part. <προσπίπτω, "fall upon, attack"; sc. τὸ πῦρ.

298 λυττῶσα <λυσσάω, "rave, be mad."
τὼ (ὀ)φθαλμώ: dual acc.

299 Λήμνιον: "Lemnian" fire either because the island's volcano was the location of Hephaestus' forge or in allusion to an annual purification festival which looked back to the sojourn on the island of the Argonauts, including Heracles, and during which sexual relations ceased while pure fire was brought from Delos.

300 πάσῃ μηχανῇ: "by all means," i.e., "most certainly, for sure."

301 οὐ γὰρ ἄν ... ἔβρυκε: "for (otherwise) it would not be biting."
ὁδάξ: adv., "with the teeth."
λήμας: <λήμη, properly a medical term for the rheum which forms in an infected eye; here, used to denote "sore eyes," facilitating a pun on Λήμνιον.

304 ἤ ποτ(ε) αὐτῇ μᾶλλον ... ἀρήξομεν: "or (ἤ), (if we wait,) shall we ever aid her more than (ἤ) ... "

306 ἐγρήγορεν: intrans. pf. <ἐγείρω; "is roused."
θεῶν ἕκατι: "the gods be thanked."

307– οὐκοῦν ἄν, εἰ: The beginning of a series of "ifs": εἰ θεί-
11 μεσθα (<τίθημι), "if we were to set down ... ," δ' ... ἐμπέσοιμεν, "and were to attack," both opt., κἄν (=καὶ ἐάν) μὴ ... χαλῶσιν, "if they continue to refuse to loos-

en," subj., all leading to the main clause, χρή, "then (οὐκοῦν) it is necessary."
αὐτοῦ: "here."
τῆς ἀμπέλου ... τὸν φανόν: "the torch (made) of vine."
ἐγκαθέντες: <ἐγκαθίημι, "dip in, lower."
ἅψαντες: <ἅπτω, "fasten, grasp"; here, as often "ignite."
κριηδόν: adv., "ram-like."
καλούντων (ἡμῶν): gen. abs.

312 φεῦ ... βαβαιάξ: "ugh! ... phew!"; for the gen., see on 295.

313 ξυλλάβοιτ(ο) ἄν: "would take hold of (+ gen.) with us." Note the alliteration with ξύλον.
ἐν Σάμῳ: The Athenian naval headquarters was at that time in Samos.

314 ῥάχιν: "back-bone."
θλίβοντα: "rubbing."

316 ἠμμένην: <ἅπτω.
ὅπως ... προσοίσει: "so that it (ὁ ἄνθραξ) will provide (<προσφέρω)"; fut. indic. (S 2203).
πρὸ τῶνδ': "before the others here," i.e., so that his may be the first torch lit.

317 Δέσποινα Νίκη: The temple of Athena Nike is just to the right of persons approaching the entrance to the Acropolis.

318 παρεστῶτος: pf. part. <παρίστημι, "present."
(δὸς) θέσθαι τροπαῖον ἡμᾶς: "(grant) us to set up a trophy." τροπαῖον governs two genitives: τῶν γυναικῶν, "over ... " and τοῦ ... θράσους, "for their audacity."

Through a side entrance come 12 equally old women carrying water jars, completing the full chorus of twenty-four.

319 λιγνύν: "smoky flame."

320 σπευστέον: See on 122.

321 πέτου: imperative <πέτομαι, "fly." Contrast the slow approach of the men.
Νικοδίκη: Nicodice and Stratyllis (365) are chorus members; Calyce (323) and Critylla (324) are within the Acropolis walls.

322 ἐμπεπρῆσθαι: See on 269. The pf. inf. with πρίν is rare (S 2453c).

324 περιφυσήτω: "blown on from all sides"; dual adj. modifying Καλύκην and Κρίτυλλαν.
326 ὀλέθρων: "pests."
327 ὑστεροπούς: "tardy-footed."
328 νῦν δή: "just now."
ἐμπλησαμένη: mid. aor. <ἐμπίμπλημι.
ὑδρίαν: The hydria, also called *calpis* (358), is a water jar with three handles, one for carrying while empty and two for lifting the full jar.
κνεφαία: "in the dark, before dawn."
329 κρήνης: "spring"; prob. the fountain house in the SE corner of the Agora (that closest to the Acropolis).
ὑπ': "because of," explaining μόλις.
θορύβου: "confusion."
πατάγου χυτρείου: "clatter of pitchers."
330 ὠστιζομένη: "jostling with" + dat.
331 στιγματίαις: <στιγματίας, -ου, "branded slave," i.e., recaptured runaway.
ἁρπαλέως: "eagerly."
332 ἀραμένη: mid. aor. <αἴρω.
333 δημότισιν: <δημότις, δημότιδος, f. of δημότης, "member of the same deme, comrade."
335 τυφογέροντας ἄνδρας: "crazy old men."
ἔρρειν: "were advancing slowly, were hobbling along."
στελέχη: <τό στέλεχος, "log."
337 ὥσπερ βαλανεύσοντας: "as if to heat a bath," fut. part. expressing purpose. The public baths (βαλανεῖα) needed very hot water, particularly because there was no soap (see on 377).
338 ὡς τριτάλαντα βάρος: "about three talents in weight," i.e., about 175 lbs. τριτάλαντα agrees with στελέχη.
339 δεινότατ'... ἐπῶν: "threatening most terrible of utterances," i.e., "uttering most terrible threats."
340 μυσαράς: "disgusting."
ἀνθρακεύειν: "reduce to charcoal (ἄνθραξ)."
341 ἅς: here, = ταύτας.
ὦ θεά: Athena.
πιμπραμένας: pres. pass. part. <πίμπρημι.

342 ῥυσαμένας: <ῥύομαι) "save x (acc.) from y (gen.)."
344 ἐφ' οἷσπερ: "with this intention."
    ὦ χρυσολόφα πολιοῦχε: "thou golden-crested guardian of the city," i.e., Athena, wearing her helmet.
345 ἔσχον: "took possession of," the normal meaning of the aor. of ἔχω.
347 Τριτογένει(α): "Triton-born," a common name or epithet of Athena; the meaning is uncertain.

They become aware of a male presence.

350 ἔασον: "let it be," i.e., "hold it!"
    τουτὶ τί ἦν: "what is this?" The impf. occasionally expresses present surprise (see on 31). For deictic -ί, see on 77.
    πονωπονηροί = πονηρότατοι.
351 ἔδρων: <δράω.
352 ἰδεῖν: epexegetic (explanatory) inf., "unexpected for us to see" (S 2002).
353 ἐσμός: "swarm."
    αὖ: "in addition," i.e., to those in the citadel.
354 βδύλλεθ' ἡμᾶς: "are you frightened of us."
    οὔ τί που: "surely we don't," introducing an incredulous question (GP 492).
355 τὸ μυριοστόν: "the ten-thousandth."
356 τοσαυτί: "so much as this."
357 περικατᾶξαι: <περικατάγνυμι, "break x (acc.) around y (dat.)."
358 κάλπιδας: See on 328.
359 μ' ἐμποδίζῃ: "get in my way."
360 γνάθους: "jaws" (f.).
361 ὥσπερ Βουπάλου: "like (the jaw) of Bupalus." The allusion is to threats uttered by the 6th-century poet Hipponax in a famous feud with the sculptor Bupalus. After the latter had made a highly unflattering caricature of him, Hipponax retaliated with iambic verses reputedly so devastating that Bupalus committed suicide.

Aristophanes' Lysistrata 61

362 καὶ μήν: "all right then," taking up the challenge (GP 354-55).
παταξάτω: 3rd sing. imperative <πατάσσω, "strike."
παρέξω: "provide (myself)," i.e., as a willing target.

363 κοὐ μή ... λάβηται: "and no other bitch will ever grab
 ... " οὐ μή + aor. subj. expresses an emphatic negative prediction (S 2755).
τῶν ὄρχεων: <ὄρχις "testicle"; gen. with verb of grasping (see on 161).

364 θενών: <θείνω, "hit, beat."
(ἐ)κκοκκιῶ: <ἐκκοκκίζω, lit., "take out the seeds (κόκκοι), pluck out."
γῆρας: "old age," probably inserted as a surprise substitute for a body part: "I'll pluck out your—senility!"

365 ἅψαι: 2nd sing. aor. imperative <ἅπτομαι, "touch" + gen. The speaker, Stratyllis, is here issuing a challenge: "just (μόνον) come and (προσελθών) lay a finger on me!"

366 σποδῶ: "pound."
τοῖς κονδύλοις: "with my knuckles."
ἐργάσει: <ἐργάζομαι, "do x (acc.) to y (acc.)."

367 βρύκουσα: "biting," i.e., "with my teeth."
τὰ (ἔ)ντερ(α): "guts."
ἐξαμήσω: <ἐξαμάω, "tear out."

368 Εὐριπίδου: again regarded as a misogynist.

369 οὐδέν ... θρέμμ': "no creature."

370 θοὔδατος=τοῦ ὕδατος.

372 τύμβ(ε): "tomb."

373 ὑφάψω: "light a fire under," aor. subj. after ἀφικόμην understood (cf. 371), expressing a purpose which continues to be valid (S 2197b).

374 τούτῳ: i.e., the water they carry.
κατασβέσαιμι: <κατασβέννυμι, "put out, extinguish."

376 οὐκ οἶδα ... εἰ: "I do not know whether ... ," i.e., "I have a mind to ... "
ὡς ἔχω: "just as I am," i.e., without further discussion (see on 180).
σταθεύσω: "scorch, roast."

377 ῥύμμα: "something to wash with." The Greeks did not have soap; they used sodium carbonate or a potassium lye derived from wood ash.
378 ὦ σαπρά: "rotten one," i.e., "you stinking hag." ταῦτα: adv., "at that." νυμφικόν: "wedding bath."
379 τοῦ θράσους: gen. with ἤκουσας. γάρ: giving the reason for her boldness.
380 σχήσω: See on 284. ἡλιάζει: <ἡλιάζομαι, "serve on a jury."
381 ἔμπρησον: aor. imperative <ἐμπίμπρημι. ὦ (Ἀ)χελῷε: the river, Achelous, by metonymy for "water."
383 ποῖ: "what do you mean ...?"
384 ἄρδω: "water, sprinkle." ἀμβλαστάνης: "grow."
385 αὖος: "dry," i.e., from shivering.
386 χλιανεῖς: fut. <χλιαίνω, "warm."

The altercation is interrupted by the arrival of an elderly public official with a small police escort of Scythian archers. He is a probulus, one of a board of ten state commissioners created by the Athenians in 413 B.C. after the Sicilian disaster to screen and control business placed before the assembly (Σ).

387– Iambic trimeter.
466
387 ἡ τρυφή: "extravagance, unrestrained behavior."
388 χὠ=καὶ ὁ; cf. χοἰ=καὶ οἱ in 389.
τυμπανισμός: See on 3. He automatically suspects the type of activity with which Lysistrata had contrasted her own serious enterprise.
Σαβάζιοι: "cries of Sabazius." Sabazius was a deity recently introduced from the East and sometimes identified with Dionysus.
389 ὁ Ἀδωνιασμός: the festival of Adonis, the handsome youth beloved by Aphrodite and by Persephone. His rites were outside the state religion, organized by women and attended chiefly by women. Part of the Adonia took place on the flat roof tops (ἐπὶ τῶν τεγῶν), to which were carried the

gardens of Adonis, force-grown potted plants, destined to flourish and perish prematurely, like Adonis himself. A climax of the celebration was the ritual mourning for Adonis: αἰαῖ Ἄδωνιν.

390 He refers to a meeting of the Athenian assembly a few years earlier (ποτε), one of two major debates of the proposal to mount an invasion of Sicily.
ἤκουον: The tense suggests that the noise of the Adonia kept interfering.

391 ὁ μὴ ὥρασι: "bad luck to him, damn him," apparently an abridged form of the phrase: μὴ ὥρασι ἀφίκοιτο, "may he arrive at no good hour."
Δημόστρατος: A politician mentioned only here.

392 πλεῖν: indirect command with ἔλεγεν.

394 ὁπλίτας: The majority of the heavy-armed infantry which sailed to Sicily were drawn from Athens' allies and included troops from the island of Zacynthus.
καταλέγειν: "recruit."

395 ὑποπεπωκυῖα: pf. part. pass. < ὑποπίνω; "somewhat drunken."

396 "κόπτεσθ' Ἄδωνιν": "beat yourself for Adonis," i.e., "mourn Adonis."
ἐβιάζετο: "kept pressing on."

397 Χολοζύγης: a blend of χόλος ("rage") and Βουζύγης (the name of Demostratus' family); "crazy Buzyges."

398 ἀκολαστήματα: "irresponsible actions."

399 τί δῆτ' ἄν, εἰ: "what would (you say) if."
ὕβριν: here, "effrontery."

400 τἄλλα θ'... καί: "in other respects... and..."

401 θαἰματίδια = τὰ ἱματίδια, diminutive of ἱμάτιον, "cloak."

402 σείειν: "shake out."
ὥσπερ ἐνεουρηκότας: "as if we'd wet on them."

403 τὸν ἁλυκόν: "the god of salt water."

404 ξυμπονηρευώμεθα: "cooperate in misdeeds with."

405 τρυφᾶν: "to luxuriate"; here, "to act irresponsibly."

406 τοιαῦτ'... βλαστάνει βουλεύματα: "such ideas blossom forth"; alliterative language adapted from Aeschylus.

407 οἵ=ἡμεῖς γάρ (S 2490).
ἐν τῶν δημιουργῶν: "at the craftsmen's, at the jewelers'."

408 χρυσοχόε: "goldsmith."
τὸν ὅρμον: "as for the necklace." The antecedent, which logically should be gen. dependent on ἡ βάλανος is, as often, attracted into the case of the relative.

409 ἑσπέρας: gen. of time within which.

410 βάλανος: "prong, clasp," also slang for the male organ.
ἐκπέπτωκεν: pf. <ἐκπίπτω.
τρήματος: "hole."

411 ἐμοὶ ... ἔστ' ... πλευστέα: See on 122.
εἰς Σαλαμῖνα: See on 59.

412 πάσῃ τέχνῃ: "by every means," i.e., "if you possibly can."

413 ἐνάρμοσον: <ἐναρμόζω, "fit in."

414 σκυτοτόμον: "leather-cutter," i.e., "shoemaker."

415 πέος ἔχοντ' οὐ παιδικόν: "possessing no boyish member, very well-developed."

417 δακτυλίδιον: acc., "little toe."
ζυγόν: the wide strap which goes over the front part of the foot in an open-toed shoe or sandal.

418 ἅθ' ἁπαλόν ὄν: "since it is delicate"; sc. τὸ δακτυλίδιον. ἅτε + part. = "since" clause.

419 χάλασον: "stretch." See on 307-11.
εὐρυτέρως ἔχῃ: See on 180 and 182. -ως, rather than -ον, is occasionally used in comparative adverbs (S 345c). One can assume obscene double meanings in this story also.

420 "Things like that have led to things like this."
ἀπήντηκ': <ἀπαντάω.

421f ὅπως ... ἔσονται: "that there shall be"; object clauses after verbs of effort take the fut. indic. (S 2211).
κωπῆς: nom. pl. <κωπεύς, "wood for making oars."
δέον: "when there is need of" + gen.; acc. abs. (S 2076A). He has come to make a withdrawal from the reserve fund stored in Athena's treasury; see on 174.

423 ἀποκέκλεισμαι: <ἀποκλείω, "shut out from" + gen.

Aristophanes' Lysistrata 65

424 οὐδὲν ἔργον ἑστάναι: "no use just standing."
φέρε: He addresses an attendant.
μόχλους: "crow-bars."

425 σχέθω: <ἔσχεθον, poetic 2nd aor. of ἔχω, "keep from," i.e., "cure of."

426 κέχηνας: <χάσκω, "gape."
ποῖ δ' αὖ: "now just where."

427 ἀλλ' ἤ: "except" (GP 25).
καπηλεῖον: "tavern, bar."

429 ἐντεῦθεν ... ἐνθενδί: "from that side ... from this side," i.e., on either panel of the double door through which Lysistrata now appears.

432 νοῦ καὶ φρενῶν: "intelligence and common sense."

The subsequent activity is not easy to follow. The probulus summons a Scythian bowman (see on 184) to arrest Lysistrata (433-34). He is intimidated by her, and the probulus asks an attendant to go to his aid (437-38). This attendant is confronted by Calonice (439) and frightened. The probulus then calls for a second (ἕτερος) bowman to help tie Calonice (441-42), but he is confronted by Myrrhine (443), and the probulus calls in a third bowman (445). This bowman is confronted by Lysistrata (447) and withdraws. Noting this (449), the probulus now tries to rally his archers for a final charge (451), but Lysistrata counters by rallying four troops of warlike women (453-54), chasing the Scythians out of sight (456-61).

433 ἄληθες: when so accented (contrast ἀληθές), a conversational challenge, "really? you want to bet?"

434 κὠπίσω=καὶ ὀπίσω.
τὼ χεῖρε: dual acc.
δεῖ: imperative <δέω, "bind."

435 προσοίσει: <προσφέρω. The use of the fut. indic. here and in 440, 444, 448 adds vividness to the threats.

435f τὴν χεῖρα ... ἄκραν: "the tip of the hand, a finger"; on the predicate position of ἄκρος, see S 1172.
δημόσιος ὤν: "even being (i.e., even if he is) a public official."
κλαύσεται: fut. middle <κλαίω, "weep"; "he'll be sorry."

437 ἔδεισας: < δείδω; "did you become afraid?" i.e., "did you let her scare you?" The aor. is "ingressive" (S 1924).
οὗτος: He addresses the bowman, "you here!"
438 ἀνύσαντε: dual nom., "getting it done," i.e., "and be quick about it." The aor. part. is sometimes used simply to define the action of the main verb further (S 1872c2).
δήσετον: 2nd pers. dual fut.
439 τὴν Πάνδροσον: Pandrosus was one of three daughters of Cecrops, legendary king of Attica. Her shrine was next to the Erechtheum on the Acropolis.
440 ἐπιχεσεῖ: fut. mid. < ἐπιχέζω, "defecate." The general thrust of the threat is: "you'll have the stuffings trampled out of you."
441 ἰδού γ(ε): introducing a mocking repetition; "just look (at what she's saying)."
443 Φωσφόρον: "Bringer of Light," an epithet of Artemis.
444 κύαθον: "cup," i.e., to be heated and placed over the black eye he will have received, so easing the swelling.
445 τουτὶ τί ἦν: See on 350.
447 Ταυρόπολον: another epithet of Artemis, of uncertain meaning; perhaps "worshipped among the Taurians" or "bull-drawn."
πρόσει: < πρόσειμι, "approach," used as fut.
448 ἐκκοκκιῶ: See on 364.
στενοκωκύτους τρίχας: "squealing hairs"; either the hairs (θρίξ, τριχός) are so fast set in that they squeal when pulled or they, when plucked, will make him squeal.
449 κακοδαίμων: sc. εἰμί.
ἐπιλέλοιφ': pf. < ἐπιλείπω.
450f οὐδέποτ' ἔσθ' ἡττητέα (<pass. ἡσσάομαι) ἡμῖν: "we must never be made less than," i.e., "we must never be worsted by." γυναικῶν is gen. of comparison (S 1402).
ὁμόσε ... αὐταῖς: "to close quarters with them."
456 ἐκθεῖτ': < ἐκθέω, "rush out."
457 "sellers of (-πωλιδες) seeds (σπερμ-), eggs (-λεκιθο-), and vegetables (-λαχανο-) in the market (-αγοραιο-)." Aristophanes' elaborate compound words are famous.

Aristophanes' Lysistrata 67

458 "garlic (σκοροδο-) bread (-αρτο-) selling (-πωλιδες) hostesses (-πανδοκευτρι-)."

459 ἕλξετ': <ἕλκω, "drag"; perhaps here a wrestling term, "grapple with."
ἀράξετε: <ἀράσσω, "hit hard, smash."

460 οὐκ ἀναισχυντήσετε;: "won't you act shamelessly?" i.e., "don't bother being ladylike!"

461 ἐπαναχωρεῖτε: "come back!" The policemen have been driven out of sight.
μὴ σκυλεύετε: "stop stripping (them)," i.e., the dead and wounded (see on 7).

462 οἴμ(οι).
πέπραγε: πράττω + adv.= "fare ... "

463 ἀλλὰ τί γάρ: "well, what then ... ?" (GP 108).
ᾤου: <οἴομαι.
πότερον ... ἤ: standard in a double question; when, as here, the question is direct, πότερον is untranslatable.

465 χολήν: lit., "bile," hence, "anger, spirit."

465f καὶ μάλα πολλήν γ': " ... (yes) and *especially* plenty (of it) ... "

466 κάπηλος: "bar-keep"; their "spirit" comes from a jar.

467– Iambic tetrameter. See Metrical Note.
75

467 ἀναλώσας: <ἀναλίσκω, "spend, waste."

469 λοῦτρον οἷον ... ἔλουσαν: "the bath, the sort they bathed us with," i.e., "the sort of bath they gave us." The word order is proleptic, i.e., a noun properly in the relative clause is anticipated by making it the object of the main verb (S 2182). οἷον, relative pronoun, is internal or cognate acc. extending the meaning of the verb ἔλουσαν which governs ἡμᾶς as direct object (S 1564).

470 κονίας: "bath powder"; see on 377.

471 ὦ μέλ': See on 56.
εἰκῇ: "at random, without good reason."

472 κυλοιδιᾶν: "to suffer a black eye."

473 ἐπεί ... = "for ... "
σωφρόνως: here, "demurely."

474 μηδέν(α) ... μηδέ: rather than οὐδένα ... οὐδέ because the participles they negate complement the inf. καθῆσθαι rather than the main verb ἐθέλω (S 2737c).
κάρφος: "a straw."

475 ὥσπερ ... ἐριθίζῃ: "steals honey from me as if from a wasp's nest and stirs me up."

476 τί ποτε χρησόμεθα: "how shall we deal with."
κνωδάλοις: "monsters, beasts."

478 ἀνεκτά: "endurable," <φέρω, ἠνέχθην. Verbal adjectives in -τός denote capability to be done, those in -τέος what must be done (S 472-73).
βασανιστέον: <βασανίζω, "test, check out."

479 πάθος: "affair."

480 Κραναάν: "rugged place," i.e., the Acropolis.
ἐφ' ὅ τι τε: "and for what purpose."

The men's chorus addresses the probulus to initiate the agon (contest), an important segment of an Aristophanic comedy.

484– Anapaestic tetrameter (see Metrical Note), except 532-48.
597

484 ἀνερώτα: <ἀνερωτάω, "ask."
μὴ πείθου: "don't be persuaded, don't take their word."
πρόσφερε πάντας ἐλέγχους: "apply all (forms of) cross-examination."

485 ἀκωδώνιστον: "untested," predicate adj. agreeing with τὸ ... πρᾶγμα (S 1613).
μεθέντας: <μεθίημι, "give up, abandon," agreeing with ἡμᾶς, understood subject of ἐᾶν.

486 καὶ μήν: "yes, in fact."
αὐτῶν: "from them" (S 1364). The 2nd pers. in the next line marks a redirection of the probulus' address to the women themselves.

488 σῶν: acc. n. sing. <σῶς, σῶν, "safe."

489 γάρ: "do you mean to say?"; the postponement beyond 2nd position is unusual.
καὶ ... ἐκυκήθη: "(yes) and (for the same cause) everything else was stirred up."

490 Πείσανδρος: Peisander, a prominent contemporary politician, who emerged as a leader of a short-lived oligarchic revolution during the year this play was performed (411 B.C.).
ἔχοι: ἔχω + inf.= "be able to."
χοἰ ταῖς ἀρχαῖς ἐπέχοντες: "and those aiming at public office (might also be able)."

491 κορκορυγήν: lit., "intestinal rumblings," i.e., "trouble."
τοῦδ' οὕνεκα: "with regard to this, as far as this is concerned."
δρώντων: 3rd pers. imperative.

492 καθέλωσιν: <καθαιρέω; see on 363.

495 τὰ (ἔ)νδον χρήματα: "the inside money," i.e., "the household money."

496 ταὐτόν=τὸ αὐτό.
πολεμητέον ἔστ' ἀπὸ τούτου: "the war must be fought from this," i.e., "we need this for the war."

497 πρῶτον: "in the first place."

498 ἡμεῖς μέντοι: "yes, we."

499 (ἴσθι) ὡς: See on 32.
σωθήσει: fut. pass. 2nd sing. <σώζω.

501 σωστέον: "(you) must be saved."
ὦ τᾶν: "my good fellow"; found only in this vocative form.

502 ὑμῖν δὲ πόθεν ... ἐμέλησεν: "from where did you develop a concern for ... " (S 1467); ingressive aorist (see on 437).

503f ἀκροῶ, πειρῶ: pres. imperatives of ἀκροάομαι, πειράομαι.

506 κρώξαις: aor. opt. <κρώζω, "croak, caw," i.e., utter an ill-omened sound or word; opt. of wish.

507 πόλεμον καὶ χρόνον: hendiadys, the use of a pair of nouns to express an idea appropriate to a noun-adjective combination (S 3025): "war-time" or "long war"; acc. of duration of time.
ἠνεσχόμεθ': <ἀνέχω; note double augment.

507f ὑμῶν ... τῶν ἀνδρῶν ἅττ(α): "(the actions) of you men, which ... "; ἅττα=ἅτινα.
ὑπό: "by virtue of."

509 γρύζειν: "grunt," i.e., "grumble."
εἰᾶθ'=εἰᾶτε, <ἐάω.
καίτούκ=καίτοι οὐκ.
ἠρέσκετε: <ἀρέσκω, "please."

510f ἄν ... ἠκούσαμεν: "we'd hear that ... " The aor. (as well as the impf.) is sometimes used with ἄν to indicate a customary action (S 1790). Note other occurrences of this construction below.

512 τὰ (ἔ)νδοθεν: "inside," acc. of respect (S 1601a).
ἐπανηρόμεθ': <ἐπανέρομαι, "ask."
γελάσασαι: "with a laugh"; note aor. tense.

513f τί βεβούλευται ... ὑμῖν: "what has been decided by you ... ?"; i.e., "what have you decided to ... "
σπονδῶν: "treaty, truce"; the treaty, signed ten years earlier, in 421 B.C., already bore one addendum (παραγραφή) on its stele, a statement, authorized in 418 B.C., that the Spartans had broken the truce.
ἐν τῷ δήμῳ: "in (the assembly of) the people."
ἦ δ(ὲ) ὅς ἄν (ὁ) ἀνήρ: "he, my husband, would say" (S 1113). ἦ is 3rd sing. impf. <ἠμί.

515 (ἐ)σίγων.

516 τοιγάρ: "that's why" (GP 565).

517 ἑτέρου δ' ἕτερον ... βούλευμ': "one decree worse than the last."
ἐπεπύσμεθ' ἄν: plpf. with iterative force (see on 510).

518 ὤνερ=ὦ ἄνερ.

519 ὑποβλέψας: "looking up from under," i.e., "with a nasty look."
τὸν στήμονα νήσω: "spin my thread."

520 ὀτοτύξεσθαι μακρὰ τὴν κεφαλήν: sc. μέ; "I would wail loud (or long) for my head."
πόλεμος ... μελήσει: Hector's words to his wife Andromache at Iliad 6.492.

522 ὑποθέσθαι: <ὑποτίθημι, "give advice."

526 ταῖσι γυναιξίν: appositive to ἡμῖν.
ποῖ: "to what end."

527 ἀντακροᾶσθαι: "listen in turn."

528 ἐπανορθώσαιμεν ἂν ὑμᾶς: "we might straighten you out," potential opt. in main clause of a fut. more vivid condition.

530 κατάρατε: two termination adjective.
σιωπῶ: deliberative subj., "am I to keep quiet ... ?"
κάλυμμα: "veil."

533 περίθου: <περιτίθημι.

535 καλαθίσκον: "little wool basket."

536 ξαίνειν: inf. expressing command (S 2013), "card wool."
ξυζωσάμενος: mid. aor. part. <συζώννυμι; "having hitched up your skirt." The probulus, in his official capacity, would be wearing a long chiton in contrast to other male characters.

537 κυάμους: "beans."

539 ἀπαίρετ': "depart"; with these words the women's chorus prepares to move forward to introduce the second part of the agon.

540 ἐν τῷ μέρει: "in our turn."
τι: "in some way."

541 κάμοιμ(ι): <κάμνω; "be wearied from" (+ part.).

542 γόνατ' ... με: "my knees"; a poetic construction in which the verb takes two objects, one of person, the other of part affected (S 985).
κόπος ... καματήριος: "exhausting fatigue."

543 ἐπὶ πᾶν ἰέναι: "to go to every extreme."

544 ἀρετῆς ἔνεχ': "because of their excellent qualities."

545 ἔνι=ἔνεστι.

547 ἀρετὴ φρόνιμος: "prudence."

549 "bravest of grandmothers and of motherly sea anemones." The "sea anemones" (ἀκαληφῶν) are suggested by a pun inherent in τηθῶν, either <τήθη, "grandmother," or <τῆθος, -εος, "sea squirt"; the point is that they have a sting like the "sea anemone."

550 τέγγεσθ': "be softened."
οὔρια: adv., "with the wind behind you."

551 Κυπρογένει': "Cyprus-born," a common epithet of the goddess of love.

552 ἡμῶν: poss. gen. with κόλπων and μηρῶν.
553 ἐντέξῃ: aor. subj. <ἐντίκτω, "engender."
    τέτανον: "tension."
    ῥοπαλισμούς: "armaments with the club (ῥόπαλον)," i.e., "cudgels of passion" (Sutherland).
554 Λυσιμάχας: "Battle-resolvers"; for the name Lysimache, see Appendix.
    καλεῖσθαι: fut. mid. with pass. meaning.
555 ποησάσας: acc. f. agreeing with ἡμᾶς (554).
556 ἀγοράζοντας καὶ μαινομένους: sc. τοὺς ἄνδρας; participles with παύσωμεν, "stop from" (S 2098).
    Παφίαν: from Paphos in Cyprus, where, according to legend, new-born Aphrodite first came to land.
557 χύτραις καὶ ... λαχάνοισιν: "pottery and vegetable (stalls)."
558 Κορύβαντες: The Corybantes were associated with the goddess Cybele and performed ritual dances in armor.
559 χρή: sc. τοιαῦτα πράττειν.
560 Γοργόνα: an obvious choice for a shield device, in view of the Gorgons' reputed ability to turn people into stone.
    κᾆτα (=καὶ εἶτα): occasionally links a part. with a finite verb; either ignore or translate as if the verbs were parallel: "is carrying and then buys."
    κορακίνους: black fish, named after the raven (κόραξ, -ακος).
561 γοῦν: See on 63.
    κομήτην: "long-haired."
    φυλαρχοῦντ': "serving as cavalry captain."
562 χαλκοῦν ... πῖλον: "brazen cap," i.e., helmet.
    λέκιθον: "pea-soup."
563 Θρᾷξ: The characteristic equipment of the Thracian peltast was the πέλτη, a long, light crescent-shaped shield, and the throwing spear (ἀκόντιον).
    Τηρεύς: mythical king of Thrace, who pursued with murderous intent the Athenian sisters, Procne and Philomela, after the former, his wife, had killed their son, Itys, in revenge for the king's rape of her sister. All three were transformed at the critical moment into birds: Tereus, a hoopoe (see on 771), Procne, a nightingale, and Philomela, a swallow.

Aristophanes' Lysistrata 73

564 ἐδεδίττετο: "was frightening."
ἰσχαδόπωλιν: "fig-seller."
δρυπεπεῖς: "tree-ripened fruit, drops."
565 δυναταί: sc. ἐστε.
566 φαύλως: "easily."
567 κλωστῆρ(α): "skein" (of wool); sc. διαλύομεν.
568 ὑπενεγκοῦσαι (<ὑποφέρω) ... ἐκεῖσε: "drawing it out with our spindles, part in this direction, part in that."
570 διενεγκοῦσαι: lit., "carrying different ways," i.e., "working things out."
572 κἄν=καὶ ἄν. See on 3.
574 φέρ(ε) ἴδω: lit., "come, let me see," i.e., "tell me."
ὥσπερ πόκον: "just as (we do with) raw wool."
βαλανείῳ: "bath."
575 ἐκπλύναντας: aor. part. <ἐκπλύνω, "wash out."
οἰσπώτην: "sheep manure."
576 ἐκραβδίζειν: "beat out."
τριβόλους: "burrs."
577 τούς γε συνισταμένους τούτους: "those who stick together"; the reference is to oligarchic clubs which were very active in this period and were, in fact, secretly engaged in final preparations for a revolutionary coup.
τοὺς πιλοῦντας ἑαυτούς: "those who compress themselves like felt."
578 ἐπὶ ταῖς ἀρχαῖσι: "with political offices in view."
διαξῆναι: <διαξαίνω, "card, shred"; see on 536.
ἀποτῖλαι: <ἀποτίλλω, "pull off, pluck."
579 κοινὴν εὔνοιαν: appositional to καλαθίσκον, "the wool basket of mutual good feeling."
580 καταμειγνύντας: "combining, working them together."
μετοίκους: "resident aliens."
κεἴ τις ξένος ᾖ: εἰ + subj. without ἄν occurs occasionally in poetry (S 2339).
581 καὶ τούτους: "these also."
582 ἄποικοι: "colonies."
583 διαγιγνώσκειν: "to become aware."
κατάγματα: "bits of wool."

586 τολύπην: "ball of wool," ready for spinning.
χλαῖναν: "cloak."
ὑφῆναι: <ὑφαίνω, "weave."
587 τολυπεύειν: "wind into a ball."
588 αἷς οὐδὲ μετῆν: "who didn't even have a share"; dat. of possession.
589 πλεῖν (=πλέον) ἤ γε διπλοῦν αὐτὸν φέρομεν: "we bear it more than double, we have more than a double share of it."
590 μὴ μνησικακήσῃς: "do not recall (past) evils."
591 εὐφρανθῆναι: aor. pass. <εὐφραίνω, "enjoy ourselves."
ἀπολαῦσαι: "get pleasure from."
592 μονοκοιτοῦμεν: "sleep alone."
θἠμέτερον=τὸ ἡμέτερον, "our situation."
593 ἀνιῶμαι: pass. <ἀνιάω; "I am grieved."
595 ἥκων: "when he comes back."
596 καιρός: "season, bloom."
597 ὀττευομένη: "looking for favorable omens."
598 στῦσαι: See on 152. Where this provocative introduction was to lead is not clear; it is effectively broken off.
599 τί μαθών οὐκ: lit., "having learnt what do you not ... ?", i.e., "what's keeping you from ... ?"; emphatic.
600 χωρίον: i.e., for the body; "a cemetery plot."
σορόν: "coffin."
ὠνήσει: "you may buy," fut. granting ironic permission (S 1917).
601 μελιτοῦτταν: "honey-cake"; for Cerberus, the three-headed canine guardian of the underworld.
μάξω: <μάσσω, "knead."
602 ταυτί: what is offered is not clear; perhaps money for Charon; perhaps material to crown himself.
στεφάνωσαι: aor. mid. imperative; note accent.
603 ταυτασί: sc. τὰς ταινίας ("ribbons") (Σ).
605 τοῦ=τίνος.
(ἐ)ς τὴν ναῦν: i.e., of Charon, the ferryman of the dead.
607 ἀνάγεσθαι: "(him) from pushing off."

609 ἄντικρυς: "straight, right away."
610 ὡς ἔχω: See on 376.
611 ἐγκαλεῖς: "lodge a complaint."
   προὐθέμεσθα: mid. <προτίθημι, "lay out" (as a corpse).
613 τὰ τρίτ': sc. ἱερά; the burial rites, which took place on the third day, i.e., with one intervening day.

They depart, the probulus through the parodos, and Lysistrata and friends through the stage door. The two half-choruses advance to begin the parabasis, an interlude dividing the play, which in earlier plays was an address to the audience by the playwright. The parabasis has a symmetrical structure: here two pairs of lyric passages (strophe, 614–25, antistrophe, 636–47; strophe, 658–70, antistrophe, 682–95), each followed by ten lines of trochaic tetrameter.

614 ἔργον: "(there is) need."
   ἐγκαθεύδειν: "stay asleep."
615 ἐπαποδυώμεθα: "let's strip for action," i.e., remove their himatia (outer robes).
616 ὄζειν: "smell of" + gen. (S 1354).
   ταδί: the women's actions.
619 ὀσφραίνομαι: "I catch a scent of" + gen.
   τῆς Ἱππίου τυραννίδος: Hippias, son of Pisistratus and last tyrant of Athens, was expelled in 510 B.C. He was with the Persians at Marathon, where our chorus claims to have fought.
621 συνεληλυθότες: <συνέρχομαι.
   εἰς Κλεισθένους: "to Cleisthenes'." Cleisthenes was an effeminate, frequently mentioned in Aristophanes' plays.
623 ἐξεπάρωσιν: <ἐξεπαίρω, "rouse (to do something)."
624 μισθόν: "pay," i.e., for jury duty, important for older men.
625 ἔνθεν=ὅθεν, "from which, on which."
626 δεινά: n. pl. describing the following series of infinitives, whose subject is τάσδε.
   νουθετεῖν: "criticize."
628 πρός: adv., "in addition"; ἡμᾶς is obj. of διαλλάττειν, "reconcile with."

629 οἷσι ... οὐδέν: "in whom there is no ground for trust."
εἰ μή περ: "if not," i.e., "any more than."

631 ἐμοῦ: gen. with verb of ruling.

632 φορήσω τὸ ξίφος ... ἐν μύρτου κλαδί: from a popular *scolion* (drinking song) celebrating the assassination of Hipparchus, Hippias' brother, by the "tyrannicides," Harmodius and Aristogeiton. These were familiar from statues in the Agora, the stride and raised arms of which the chorus members proceed to parody (634).
τὸ λοιπόν: "in the remaining time, in the future."
ἐν μύρτου κλαδί: "(concealed) in a bough of myrtle."

633 ἑξῆς: "next to."

634 ἑστήξω: fut. pf. act. <ἵστημι (S 584).
αὐτὸ γάρ μοι γίγνεται: "for it falls upon me to ..."

636 ἡ τεκοῦσα=ἡ μήτηρ.

637 ταδί: the outer garments; cf. 615.

639 κατάρχομεν: "introduce, start to present" + gen.

640 εἰκότως: "as is reasonable."
χλιδῶσαν ἀγλαῶς: "splendidly living in luxury, in luxury and honor."
ἔθρεψε: <τρέφω; sc. ἡ πόλις.

641 γεγῶσα: poetic pf. part. <γίγνομαι (S 704b).
ἠρρηφόρουν: "served as *arrephoros*"; the *arrephoroi*, "carriers of unspoken things," were four aristocratic girls appointed to serve Athena. The name is from the ritual duty of taking mysterious articles by a secret passage to and from the shrine of Aphrodite on the north slope of the Acropolis.

644 ἀλετρίς: "grain-grinder," another service to Athena. These girls made flour for the sacred cakes offered to the goddess.
ἦ=ἦν.
δεκέτις: "ten years old."
τἀρχηγέτι=τῇ Ἀρχηγέτιδι: "the Leader," i.e., Athena.

645 Βραυρωνίοις: "at the Brauronia," a festival to Artemis, held every four years at Brauron in eastern Attica. Small girls, aged five to ten, spent a time as ἄρκτοι ("bears") serving the goddess, probably living in her sanctuary. At the Brauronia the "bears" danced, at one point, apparently, shedding (χέουσα) their yellow robes.

Aristophanes' Lysistrata 77

646 κἀκανηφόρουν=καὶ ἐκανηφόρουν; the fourth honor of an aristocratic girl was, at an older age, to carry (-φορεῖν) a basket (κανοῦν) in one of the sacred processions.
(ἔ)χουσ(α) ἰσχάδων ὁρμαθόν: "wearing a necklace of figs."
648 προὐφείλω=προοφείλω, "have the duty to."
649 μὴ φθονεῖτέ μοι: "don't hold (this) against me."
650 ἀμείνω (=ἀμείνονα) . . . τῶν παρόντων πράγματων: "things better than the present things"; either "better ways of doing things than the present" or "something better than our present troubles."
651 τοῦ (ἐ)ράνου: usually *eranos* denotes a fund to which several persons contributed (εἰσφέρειν) to provide an individual with an interest-free loan; here metaphorically of the common wealth.
653 παππῷον: "from our grandfathers (πάπποι)," i.e., "ancestral."
ἐκ τῶν Μηδικῶν: "(accrued) from the Persian wars."
654 εἶτ(α): with ἀντεισφέρετε, "pay in to replace (it)."
ἀναλώσαντες: <ἀναλίσκομαι.
656 γρυκτόν: verbal adj. <γρύζω, expressing possibility (see on 478); "(anything) to grumble?"
τι: adverbial acc., "in any way."
657 ἀψήκτῳ: "untanned, rawhide."
τῷ κοθόρνῳ: "shoe," probably similar to ἡ Περσική (229).
σ(ε) . . . τὴν γνάθον: See on 542.
659 (ἐ)πιδώσειν: <ἐπιδίδωμι, intrans., "increase."
661 ἀμυντέον . . . ὅστις: "must be averted (by anyone) who . . ."
ἐνόρχης: "in possession of testicles (ὄρχεις), whole."
662 ἐξωμίδ(α): The *exomis* was a tunic which covered the left shoulder but passed under the right arm, leaving that shoulder bare.
663 ἐντεθριῶσθαι: <ἐνθριόω, "wrap in fig-leaves (θρῖα)." The leaves were used as a casing for meat in cooking.
664 λευκόποδες: "white-footed"; the meaning may be "barefooted," or "wearing white shoes" or "dusty-footed." This obscure epithet is apparently a play on the equally obscure

λυκόποδες, "wolf-footed," a name applied to the bodyguard of the tyrant Hippias.

665 Λειψύδριον: Lipsydrion was a strongpoint on Mt. Parnes, west of Athens, fortified by political exiles between 514 and 511 B.C. in an unsuccessful attempt to oust the tyrant Hippias.
ὅτ' ἦμεν ἔτι: sc. "young, in our prime," or the like.

668 ἀνηβῆσαι: "to be young again (ἀνα-)."
ἀναπτερῶσαι: "to grow new feathers on."

670 γῆρας: "old age" or "old skin," as of a snake.

671 κ(αἰ) ἂν σμικράν: "even if a small one."
λαβήν: "hold," as in wrestling.

673 ἐλλείψουσιν: "will be found wanting in" + gen.
λιπαροὺς χειρουργίας: "the unflagging ability to use their hands."

674 τεκτανοῦνται: <τεκταίνομαι, "frame, build."
ἔτι: "one day."

675 Ἀρτεμισία: the queen of Halicarnassus who commanded her own fleet of five ships on the Persian side at the battle of Salamis.

676 ἱππικήν: sc. τέχνην, "horsemanship," with allusion to a sexual position. See on 60.
διαγράφω: "write off, cross out."

677 χρῆμα: "thing, creature."
(ἔ)ποχον: "good at riding."

678 ἀπολίσθοι: <ἀπολισθάνω, "slide off" + gen.
τρέχοντος: sc. ἵππου.

679 Μίκων: a well-known painter and sculptor credited with two paintings of Amazon battles.

680 τετρημένον ξύλον: "pierced wood," i.e., "stocks."

681 ἐγκαθαρμόσαι: <ἐγκαθαρμόζω, "fit in."
τουτονὶ τὸν αὐχένα: sing. despite the pl. τούτων; the deictic τουτονί suggests that individual males confront individual females.

682 ζωπυρήσεις: <ζωπυρέω, lit., "kindle into flame," i.e., "provoke."

684 ὗν: <ὗς, "sow," apparently metaphoric for anger.

Aristophanes' Lysistrata 79

685 βωστρεῖν: "call to help (you)."
πεκτούμενον: <πεκτέω "shear."
687 αὐτοδάξ: "with our very teeth," i.e., "to the point of biting."
689 ἴτω: 3rd sing. imperative <εἶμι.
689f ἵνα ... μέλανας: i.e., in order that he may never serve on a jury or go to war (Σ), since traditionally soldiers ate garlic (σκόροδον) and jurors chewed beans. φάγῃ <ἔφαγον, which functions as aor. of ἐσθίω.
694 ὡς εἰ καὶ μόνον: "because if you will even merely ... "
ὑπερχολῶ: "I am very (ὑπερ-) angry."
695 αἰετὸν τίκτοντα κάνθαρος "(as) the beetle did the eagle when it laid its eggs." The beetle, to avenge itself on the eagle, rolled its eggs out of the nest, harassing the bird wherever it went. The allusion contains a promise of persistent revenge. αἰετόν is grammatically m. but f. in sense. "Some names of animals have only one grammatical gender without regard to sex" (S 198).
σε μαιεύσομαι: "I shall midwife you."
696 φροντίσαιμ': φροντίζω + gen.= "give a thought to."
698 ἑπτάκις: "seven times."
699 ἀπήχθου: <ἀπεχθάνομαι, "earn the hatred of" + dat.
πᾶσι καὶ τοῖς γείτοσιν: either a slight joke, i.e., "everybody and your neighbors," or πᾶσι (τοῖς Ἀθηναίοις) καὶ ..., "all the Athenians and their neighbors," leading into the anecdote of the Boeotian girl.
700 κἀχθές=καὶ ἐχθές.
θἠκάτῃ=τῇ Ἑκάτῃ; though usually associated with witchcraft, Hecate was also thought of as the nurturer of children.
παιγνίαν: "game," here, "celebration."
701 ἑταίραν: here, "friend."
702 ἀγαπητήν: "lovable."
Βοιωτῶν: See on 40.
ἔγχελυν: See on 36.
703 οὐκ ἔφασκον: "they said they would not ... "
ψηφισμάτων: "decrees," passed in the assembly.

705 τοῦ σκέλους: "by the leg"; gen. of the part (S 1346).
ἐκτραχηλίσῃ: "breaks your neck."
The parabasis concludes as Lysistrata emerges from the stage door. We are to assume that several days have passed since the seizure of the Acropolis.

706 πράγους = πράγματος: This line is from the lost Telephus of Euripides, whose tragic diction is parodied throughout this opening exchange (706–16).

707 σκυθρωπός: See on 7.

714 με: 2nd acc. with κρύπτω, "hide x from y" (S 1628).

715 βινητιῶμεν: "we're mad after sex"; a desiderative verb (i.e., expressing desire to perform an action—here, βινεῖν) ending in -ιάω (S 868).
ᾗ ... λόγου: lit., "as (is) briefest of speech," i.e., "to put it as briefly as possible."

717 Ζῆν(α): <Ζεύς.

718 ἀποσχεῖν: <ἀπέχω.

719 οἷα τ': οἷός τε, οἷα τε, κτλ + inf. = "able to ... "; sc. εἰμί.
διαδιδράσκουσι: "run away."

720 πρώην: "the day before yesterday."
διαλέγουσαν: "picking apart, widening."
ὀπήν: "hole."

721 ᾗ: "where."
τοῦ Πανός ... τ(ὸ) αὐλίον: the grotto of Pan, one of several caves on the NW slope of the Acropolis, near the stairs which lead to the narrow side entrance.

722 τροχιλείας: "crane, block and tackle," perhaps equipment connected with current construction on the Acropolis, e.g., the Erechtheum.
κατειλυσπωμένην: "crawling down."

723 ἀπαυτομολοῦσαν: "deserting."
ἐπὶ στρούθου: "on a sparrow," a bird of Aphrodite.
μίαν: "alone."

725 εἰς Ὀρσιλόχου: "to Orsilochus' place"; he was a pimp.
τριχῶν: For the construction, see on 705.
κατέσπασα: <κατασπάω, "drag down."

728 θείς: <θέω.

Aristophanes' Lysistrata   81

729 ἔρια ... Μιλήσια: Milesian wool was of superior quality.
730 σέων: <ὁ σής, σεός, "moth."
    κατακοπτόμενα: "being cut to pieces."
731 εἶ: <εἶμι.
732 ὅσον ... μόνον: "only just spreading," i.e., "as soon as I have spread (it)."
    διαπετάσασ': <διαπετάννυμι.
    κλίνης: "bed, frame."
734 ἐῶ: deliberative subj.
    (ἁ)πολέσθαι.
    τἄρι'=τὰ ἔρια.
735 ἀμόργιδος: gen. of cause after τάλαινα: "I'm miserable about my *amorgis*." The material has, *inter alia*, been identified as flax or silk; see on 150.
736 ἄλοπον: if flax, "unscutched," i.e., fiber not separated from stalk; if silk, "unwound," with danger of being cut by emerging moths.
738 Φωσφόρον: See on 443.
739 ἀποδείρασ': <ἀποδέρω, "flay." She refers ostensibly to stripping the *amorgis* but actually envisages the retraction of her husband's foreskin; see on 143.
    ἀνέρχομαι: anticipatory pres. with fut. meaning (S 1879).
740 μ(ὴ) ἀποδείρῃς.
741 ταὐτόν=τὸ αὐτό.
742 Ἰλειθυ(α): Ilithyia, goddess of childbirth.
    ἐπίσχες: aor. imperative <ἐπέχω, "hold (me) back from" + gen.
743 ὅσιον: here, "lawful," not consecrated ground like the Acropolis.
    μόλω: <ἔμολον, which serves as aor. of βλώσκω, "come."
744 τέξομαι: <τίκτω.
745 ἐκύεις: <κυέω, "be pregnant."
746 ὡς τὴν μαῖαν: "to the midwife"; cf. 695.
748 ἄρρεν: <ἄρρην, "male."
749 οὐ σύ γ': sc. παιδίον ἔχεις.
    ἀλλ(ὰ) ἦ: "but rather."

750 φαίνει: 2nd. sing.
    εἴσομαι: <οἶδα.
751 τὴν ἱερὰν κυνῆν: either "the Sacred Helmet," of Athena, from a statue, or "the consecrated helmet," dedicated to her.
753 ταύτην: sc. τὴν κυνῆν.
    εἶχες: Lysistrata now holds it.
755 περιστεραί: "doves."
756 προφασίζει: <προφασίζομαι, "make excuses."
757 τ(ὰ) ἀμφιδρόμια: a ceremony several days after the child's birth in which it was accepted into the family by being carried at a run around the hearth.
    αὐτοῦ: "right here."
759 τὸν ὄφιν ... τὸν οἰκουρόν: "the guardian snake," believed to dwell in a cleft in the rock now covered by the main porch of the Erechtheum.
760 γλαυκῶν: <γλαῦξ, "owl."
761 ταῖς ἀγρυπνίαισι: "from sleeplessness."
    κικκαβαζουσῶν: "hooting."
762 ὦ δαιμόνιαι: lit., "god-possessed," i.e., "marvellous," here, as often, with ironic force.
    τερατευμάτων: "tricks, hocus-pocus."
764 ἐκείνους: subject of ποθεῖν.
    ἀργαλέας: "miserable."
765 ἀνάσχεσθ(ε): <ἀνέχομαι, "hold out."
766 προσταλαιπωρήσατ': "persevere."
767 ἐπικρατεῖν: "(to the effect) that we are winning."
768 στασιάσωμεν: <στασιάζω, "become divided."
770–776 Dactylic hexameter, the meter of oracles.
770 πτήξωσι: <πτήσσω, "cower."
    χελιδόνες: "swallows."
771 ἔποπας: "hoopoes," small, but huge-crested, birds with an alleged propensity for chasing swallows and nightingales; see on 563.

φαλήτων: a high-sounding word for the phallus, introduced as a punning substitute for φαλαρίς, "coot," a bird whose name is exploited with similar intent in Aristophanes' *Birds*.
773 ὑψιβρεμέτης: "thunder on high."
ἐπάνω: "on top (of the men)."
774 διαστῶσιν: <διίστημι.
πτερύγεσσιν: archaic dat. pl. <πτερύξ, "wing."
775 ναοῖο=ναοῦ, another archaic form.
776 ὄρνεον οὐδ' ὁτιοῦν: "any bird at all."
καταπυγωνέστερον: "more sexually depraved."
777 ὦ πάντες θεοί: sc. "help us."
778 ἀπείπωμεν: "give up."
ταλαιπωρούμεναι: "(although) distressed."

They leave and the choruses, again alone, continue their own battle of the sexes.

785 οὕτως: often used to begin a story or fable; "once."
νεανίσκος: a colloquial diminutive of νεανίας; "a young fellow."
Μελανίων: nowhere else described as a woman-hater. In the standard myth his problem is unrequited love for the swift-footed Atalanta.
789 ἐλαγοθήρει: <λαγοθηρέω, "hunt jack-rabbits."
790 ἄρκυς: "nets"; acc. pl.
791 Since a corresponding line is lacking after 814 in the antistrophe, either this line does not belong here (hence the square brackets), or a later line has fallen out.
795 ἐβδελύχθη: "loathed."
796 οἵ: "those of us who are."
797 κῦσαι: <κυνέω, "kiss."
798 κρομμύον ... ἔδει: "then you won't be eating any onion." The point of this remark is obscure. A possibility is: "(if you kiss me,) you've eaten your last onion," i.e., "you're done for." ἔδει is from ἔδομαι, fut. of ἐσθίω.
799 ἀνατείνας λακτίσαι: "lifting (a leg) to kick (you)."
800 τὴν λόχμην: "your thicket," i.e., his pubic hair.

801 Μυρωνίδης: an Athenian general of whom little is known except for important victories in 457 and 456.
802 τραχύς: here, "shaggy."
ἐντεῦθεν: "there," i.e., in that part of the body.
803 μελάμπυγος: "black-bottomed, hairy-rumped"; by attributing to Myronides a well-known characteristic of Heracles, the speaker is, in effect, describing him as a veritable Heracles to all his foes.
804 Φορμίων: the great Athenian naval hero of the early Peloponnesian War.
806 ἀντιλέξαι: "to tell in answer to."
809 Τίμων: the fifth-century Athenian who became legendary for his misanthropy.
ἀίδρυτος: "without fixed abode."
809f ἀβάτοισι ... ἐν σκώλοισι: "in impassable thickets."
τὸ πρόσωπον ... περιειργμένος: "enclosed with respect to his face," i.e., "hiding his face."
811 Ἐρινύων ἀπορρώξ: "a piece broken off from the Furies," i.e., "a true offspring of ... " The Erinyes were the relentless spirits of punishment, whose particular function was the avenging of crimes committed within the family.
819 ἡμῖν ἀντεμίσει: "matched us in hatred for"; <ἀντιμισέω.
821 θένω: 2nd aor. deliberative subj. <θείνω; with βούλει: "do you want me to hit" (S 1806).
822 ἔδεισα: aor. <δείδω; "I became afraid," i.e., "you gave me a fright."
823 ἀλλά: "all right, then," suggesting an alternative (GP 9).
κρούσω: deliberative subj., "shall I hit?"
824 τὸν σάκανδρον: lit., "mansack," a slang term for the female genitalia, found only here.
826 οὔσης γραός (<γραῦς): sc. ἐμοῦ.
αὐτόν: her "mansack."
827 κομήτην: "hairy."
ἀπεψιλωμένον: <ἀποψιλόω, "strip bare, denude"; here, the reference is to the removal of hair by singeing (see on 89, 151).
λύχνῳ: "lamp."

Aristophanes' Lysistrata 85

Lysistrata appears on top of the stage building, which represents the Acropolis wall.

831 παραπεπληγμένον: pf. part. <παραπλήσσω; "crazed, in a frenzy."

832 εἰλημμένον: pf. part. <λαμβάνω.

833 Κυθήρων: Cythera, like Cyprus and Paphos, is connected with the birth story and worship of Aphrodite. It is an island south of Peloponnesus.

834 μεδέουσ': "ruling," + gen.
ἴθ(ι) ... ὁδόν: "continue straight on the road you are coming." She addresses the man approaching.

835 τὸ τῆς Χλόης: "the (shrine) of the goddess Greenery," i.e., Demeter. The precise site of this shrine is unknown.

836 κἀστίν: καί emphasizes the request for more information: "but, who *is* it?"

838 Κινησίας: "Arouser"; see on 227 and Appendix.

839 ὀπτᾶν καὶ στρέφειν: "roast and turn (on a spit)."

840 (ἐ)ξηπεροπεύειν: "deceive completely."
φιλεῖν: "make love."

841 ὧν=ἐκείνων ἅ.
ἡ κύλιξ: i.e., the cup used in the oath to refrain from sex (199f).

844 ξυσταθεύσω: "help roast."

Cinesias appears suffering from an obvious erection, probably a leather phallus attached to his costume. He is followed by a nurse carrying a small child.

846 τέτανος: "tension."
ἐπὶ τροχοῦ στρεβλούμενον: "being tortured on the wheel."

847 οὑντός=ὁ ἐντός.
ἑστώς: <ἵστημι.

849 ἡ (ἐ)κβάλλουσα.
ἡμεροσκόπος: "the watch of the day."

851 ἰδοὺ καλέσω: deliberative subj. responding to the command by a mocking question; "I should summon ... ???" (see on 441).

852 Παιονίδης: "from the Paeonidae district." Deme membership is included in the formal identification of Athenian citizens. Here again, the name is sexually suggestive: παίω, "strike, beat," is another colloquial term for sexual onslaught.

856 ᾠόν: "egg."

856f "Κινησίᾳ τουτὶ γένοιτο": "If only Cinesias might have this."

858 ἐμπέσῃ: <ἐμπίπτω, here, "occur."

859 εἴρηκ(ε): pf., "she has made a statement."

860 τ(ὰ) ἄλλα ἐστὶ λῆρος πρός: "the rest are rubbish in comparison with . . . "

862f τόδε . . . τοῦθ'. He points to his phallus—or bribe.

864 καταβᾶσα: Lysistrata descends to the inside while Cinesias remains outside.

865 τῷ βίῳ: "in my life."

866 ἐξ οὗπερ: "from the time when."

Myrrhine and Lysistrata appear together on the wall.

871 τούτῳ: "for him."

872 Μυρρινίδιον: an affectionate n. diminutive.

873 αὐτόσ(ε): "(down) there."

875 οὐ . . . δεόμενος οὐδέν: "without needing anything."

876 ἐπιτετριμμένος: <ἐπιτρίβω, "crush."
μὲν οὖν: corrective, "on the contrary" (GP 475).

877 γοῦν: "at least."

878 καλεῖς: fut.

879 The "child" is probably a puppet, the voice supplied by one of the actors from behind his mask.

880 τί πάσχεις: idiomatic, "what's the matter with you?"

881 ἄθηλον: "unnursed."
ἕκτην: "sixth."

883 ὦ δαιμονία: See on 762.

884 οἷον τὸ τεκεῖν: "what it is to give birth!", i.e., " . . . to be a mother."
τί . . . πάθω: "what am I to do?" Subj. as future (S 1811).

Myrrhine joins her husband.

885 νεωτέρα ... ποδδῷ: See Appendix.

886 ἀγανώτερον βλέπειν: lit., "to look more gently," i.e., "her eyes have a more tender look."

887 χἄ (=καὶ ἅ) δυσκολαίνει: "and the anger which she shows." βρενθύεται: "the way (ἅ) she struts."

890 φιλήσω: aor. subj., "let me kiss you."

893 λυπεῖ: pass.

895 χεῖρον διατίθης: "you are taking rather bad care of."

896f τῆς κρόκης ... ἀλεκτρυόνων: "for your weaving (lit., woof), when it is being pulled apart by the chickens."

898 ἀνοργίαστα: "uncelebrated."

899 βαδιεῖ: fut. < βαδίζω.

901 τοιγάρ: "all right, very well, then ... "

903 ἐκεῖσε: i.e., "home."
ἀπομώμοκα: pf. < ἀπόμνυμι; "I have sworn not (to go home)."

904 δ' ἀλλά: "if not that, then ... " (GP 10).
κατακλίνηθι: aor. imperative pass. < κατακλίνω.
διὰ χρόνου: "after an interval," i.e., "since it's been a while."

905 ἐρῶ: defective verb commonly used as fut. of λέγω.

908 τοῦτο: the child.
Μανῆ: Manes is a common slave name.

909 καὶ δή: "finally," marking the completion of a required action (GP 251).

910 κατακλινεῖ: fut. mid. used as pass.
τάλαν: See on 102.

911 τὸ τοῦ Πανός: "the (cave) of Pan"; see on 721.

912 εἰς πόλιν: The Acropolis was to be entered only by the ritually pure (ἁγνή). Sexual intercourse must be followed by purification.

913 τῇ Κλεψύδρᾳ: "at the Clepsydra," a nearby spring also on the north slope.

914 ἔπειτ': "on that occasion, earlier."
ἐπιορκήσω: deliberative subj., "am I to break my oath?"
915 τράποιτο: "may (the consequences of breaking it) be turned on me."
916 νῶν: "for us," dat. dual.
κλινίδιον: "pallet, cot." This and other objects will be fetched from offstage.
917 μὰ τὸν Ἀπόλλω: an unusual oath for a woman, perhaps used because a shrine of Apollo was next to that of Pan and to the Clepsydra.
917f μὴ ... κατακλινῶ: "I shall not make you lie." μή in a strong future denial occurs rarely and follows a negative oath.
919 τοι: indicating an aside to the audience as his wife goes after the cot.
δήλη ... καλῶς: personal construction; "she is pretty clear," i.e., "it is pretty clear."
920 ἀνύσας τι: See on 438.
921 τὸ δεῖνα: a substitute phrase like English "the thingamajig."
ψίαθος: f.; "mattress."
ἐξοιστέα: verbal <ἐκφέρω; "to be brought out."
923 ἐπὶ τόνου: "on the cords" (which support the mattress).
δός μοί ... κύσαι: "permit me to kiss," i.e., "give me a kiss."
924 παπαιάξ: enthusiastic reaction to the brief kiss; "wow!"
926 προσκεφάλαιον: "pillow."
928 Ἡρακλῆς ξενίζεται: "is being entertained like Heracles." The voracious Heracles driven to desperation by a meal postponed seems to have been a standard source of humor.
929 ἀνίστασ(ο): mid. imperative <ἀνίστημι; "raise yourself" (for the pillow).
ἀναπήδησον: <ἀναπηδάω, "jump up."
931 στρόφιον: "brassiere."
932 τὰ περί: acc. of respect; "regarding the things relating to."
933 σισύραν: "blanket," specifically a goat-hair cloak.
934 βινεῖν: "make love"; see on 715.

936 ἄνθρωπος=ἡ ἄνθρωπος, "this person."
στρώματα: "bedclothes."
937 τουτογί: his phallus.
938 μυρίσω: deliberative subj. <μυρίζω, "anoint with myrrh." For the construction, see on 821.
940 εἴθ' ἐκχυθείη (<ἐκχέω): a wish; "I'd like to see it poured out."
941 ἀλείφου: "anoint yourself."
943 εἰ μὴ διατριπτικόν γε: "merely full of delays" (GP 121).
944 τὸ 'Ρόδιον μύρον: Why the Rhodian brand will not do is unclear.
945 ἔχων: "persistently" (S 2062a).
946 ἐψήσας: <ἕψω, "boil."
947 ἀλάβαστον: "alabastus," a small, slender oil jar, the shape and size of which provides the excuse for some phallic humor.
948 ᾠζυρά=ὦ οἰζυρά, "you wretch."
950 ὑπολύομαι: "I am undoing (my shoe)."
ὅπως: + fut. indic.="(see) that you shall ...," i.e., "be sure to" (S 2213).
951 βουλεύσομαι: As he says this, Myrrhine departs without warning.
953 τά τ' ἄλλα πάντα: "in all other respects," i.e., "in addition to everything else."
ἀποδείρασ': "having skinned me"; see on 739.
955 ψευσθείς: "cheated of."
956 ταυτηνί: "this (daughter) here" in need of care is clearly his ψωλή; see on 143.
957 Κυναλώπηξ: "Foxy-dog" or "Bitchy-fox," nickname of Philostratus, a pimp.
958 μίσθωσόν ... τίτθην: addressed to Cynalopex; "rent me a wet nurse."
960 τείρει: "you are distressed" + acc. of respect, ψυχήν.
962 νεφρός: "kidney."
ἀντίσχοι: aor. opt. of ἀντέχω, "endure, hold out against (it)."

964 ὀσφύς: "loins."
ὄρρος: "rump."
966 τοὺς ὄρθρους: "in the early hours of morning."
967 ἀντισπασμῶν: "what convulsions!"; gen. of exclamation (S 1407).
969 ἡ ... παμμυσάρα: "the utterly revolting and disgusting woman."
972 εἴθ': introducing prayer to Zeus.
973 θωμούς: "piles" of brush.
974 τυφῷ: "whirlwind."
πρηστῆρι: "hurricane."
975 ξυστρέψας ... ξυγγογγύλας: "twisting and rolling (her) together."
979 περιβαίη: "land astride"; the general sense is "get skewered on this spit."

Cinesias leaves by one parodos; down the other comes a Spartan herald wearing a traveling cloak which obviously conceals some protruding object. He is met by an Athenian, identified in our text as a prytanis; see on 981.

980–1013 Iambic trimeter.

980f =Ποῦ τῶν Ἀθηνῶν ἐστιν ἡ γερουσία ἢ οἱ πρυτάνεις; θέλω νέον τι μυθίζειν.

980 ἁ γερωχία: "the gerousia," or "council of elders (γέροντες)," a ruling body in Sparta. The analogous body at Athens was the βουλή, "council."

981 τοὶ πρυτάνιες: "the prytaneis." The Athenian Council of Five Hundred was divided into ten groups of 50 prytaneis, each group serving for a tenth part of the year as an executive committee in charge of the routine business of the city.

982 Κονίσαλος: a fertility spirit, conventionally portrayed as ithyphallic.

983f =κῆρυξ ἐγώ, ὦ νεανία, νὴ τὼ θεώ, ἔμολον ἀπὸ Σπάρτης περὶ τῶν διαλλαγῶν.

984 ἔμολον: See on 743.

985 ὑπὸ μάλης: "under your armpit." Noting the distended cloak, the Athenian conjectures that the Spartan is carrying a concealed weapon.

986 =μὰ τὸν Δία οὐκ ἔγωγε.
ποῖ μεταστρέφει: mid., the Spartan turns to mask his profile.

987 τὴν χλαμύδ(α): The chlamys was a military or travelling cloak, worn over one shoulder and pinned on the other.
ἦ: introducing a tentative answer to the question just asked; "could it be that ...?"
βουβωνιᾷς: "you have a swollen groin?"

988 παλεός: probably, "crazy."

990 πλαδδίη=πλαδδία, pres. imperative <πλαδδιάω; for the sense, see on 171.

991 σκυτάλα Λακωνικά: Spartan representatives had staffs (σκυτάλαι) of which there were exact replicas at home. A strip was wound around one staff and a message written on it. This could not be read until the strip was wound in the same way around the duplicate staff.

992 εἴπερ γε: "if it (is)."
χαὕτη=καὶ αὕτη, i.e., his own phallus.

993 =ἐμὲ ὡς πρὸς εἰδότα: "(to) me as to one who knows."

994 τὰ πράγμαθ' ... : "the state of affairs."

995f =ὀρθὴ Λακεδαίμων πᾶσα καὶ οἱ σύμμαχοι ἅπαντες ἐστύκασι· Παλλήνης δὲ δεῖ.
ὀρσά: "upright," with an obvious *double entendre*.
Παλλάνας: Pallene is the name (1) of a prostitute and (2) of a strategically important peninsula on the Thracian coast; see on 103.

997 τοῦ=τίνος.

998 ἀπὸ Πανός: The goat god was both libidinous and a source of sudden madness.

998– =οὐκ (ἀπο Πανός), ἀλλ' ἦρχε μέν, οἴομαι, Λαμπιτώ, ἔπει-
1001 τα αἱ ἄλλαι αἱ κατὰ Σπάρτην γυναῖκες ἅμα ὥσπερ ἀπὸ μιᾶς ὑσπληγίδος ἀπήλασαν τοὺς ἄνδρας ἀπὸ τῶν ὑσσάκων.
ἀπὸ μιᾶς ὑσπλαγίδος: "from a single starting gate," i.e., in unison.
ὑσσάκων: the female genitalia.

1002–06 =μογοῦμεν· ἀνὰ γὰρ τὴν πόλιν ὥσπερ λυχνοφοροῦντες ὑποκεκύφαμεν. αἱ γὰρ γυναῖκες οὐδὲ τοῦ μύρτου θιγεῖν ἐῶσι πρὶν ἂν ἅπαντες ἐξ ἑνὸς λόγου σπονδὰς ποιησώμεθα κατὰ τὴν Ἑλλάδα.
μογίομες: "we suffer."
λυχνοφορίοντες: "carrying lamps."
ὑποκεκύφαμες: <ὑποκύπτω, "bend over," i.e., as if to protect the lamp flame from the wind.

1004 σιγῆν: <θιγγάνω.
τὼ μύρτω: "myrtle berry," i.e., the clitoris.

1005 χ᾽=κά=ἄν.
ἐξ ἑνὸς λόγω: "with one accord."

1007 ξυνομώμοται: pf. pass. <συνόμνυμι.

1009 φράζε: "tell (them) to"; urgency is reflected in the disjointed word-order.

1010 πρέσβεις: <πρέσβυς, "envoy."

1011 τῇ βουλῇ: The Council of Five Hundred; see on 981.

1013 ποτάομαι=πετήσομαι, fut. <πέτομαι.
παντᾶ=παντῇ, "in every respect."

The Spartan and Athenian depart in different directions.

1015 πόρδαλις=πάρδαλις, "leopard."

1016 ξυνιείς: pres. part. <συνίημι.

1017 ἔξον: acc. abs. (S 2076A).
βέβαιον: f. with φίλην.

1018 ὡς: See on 32.

1019 ὅταν βούλῃ σύ: sc. "you will stop."

1019f οὔ σε περιόψομαι ... ὄντα: "I will not overlook the fact that you are," i.e., "I will not allow you to be" (S 2103).

1021 ἐξωμίδ᾽: See on 662.
ἐνδύσω: + two accusatives, of person and thing (S 1628).

1023 ἀλλ᾽ ... γάρ: "for, on the contrary" (GP 107).
ἀπέδυν: intrans. 2nd aor. <ἀποδύω.

1025 τόδε τὸ θηρίον: apparently an insect.

1026 τὸ ἐπὶ τῷ ὀφθαλμῷ.
ἐξεῖλον: <ἐξαιρέω.

1027 τοὐπιτρῖβον: "the thing that was scratching."
δακτύλιος: He offers his ring as an instrument to help take the insect out.
1028 ἐκσκάλευσον: "hoe out."
1029 ὡς ... γε: "for" (GP 143).
1030 ἀλλά: "all right."
ἔφυς: "you are."
1031 μέγ' ... χρῆμ' ἰδεῖν τῆς ἐμπίδος: "a big fellow of a mosquito to look at"; see on 83.
1032 Τρικορυσία: "from Tricorythus," a marshy region in the plain of Marathon.
1033 ὤνησας: aor. 2nd sing. <ὀνίνημι, "help, benefit."
μ' ἐφρεωρύχει: "he was digging a well (φρέαρ) in me."
1034 ῥεῖ πολύ: "flow abundantly," i.e., as a good well should.
1035 ἀποψήσω: <ἀποψάω, "wipe clean."
1037 μὴ ὥρας ἵκοισθ': See on 391.
θωπικαί: "coaxing."
1039 πανωλέθροισιν: "ruinous, impossible." To complete the sense, sc. "we can live ... "
1041 φλαῦρον: "bad."
πείσομαι: <πάσχω.
1042 συσταλέντας: <συστέλλω; "closing ranks." They are now reconciled and sing as a single chorus.

The full chorus sings some playful songs with a single joke: if you want money, come to us, but don't expect to get any; if you want a good time, come to our house, but the door will be locked.

1044 ὦνδρες: i.e., members of the audience.
1045 εἰπεῖν: + two accusatives = "to say x about y."
1046 τοὔμπαλιν: "the opposite."
1047 τὰ κακὰ καὶ τὰ παρακείμενα: either "the evils (of the war, Σ) and the present situation" or "the evils which also are present."
1051 μνᾶς: a mina is 100 drachmae, actually a considerable sum.
1053 βαλλάντια: "purses."

1054 φανῇ: aor. pass. subj. <φαίνω.
1055 δανείσηται: "borrows money."
1057 ἢν λάβῃ: apparently the key words to the joke: It is easy to forgive a loan, if you don't make it in the first place.
μηκέτ' ἀποδῷ: a 3rd person prohibition (S 1800, 1841), "let him not pay back."
1058 ἑστιᾶν: <ἑστιάω, "entertain."
1059 Καρυστίους: from Carystus on the island of Euboea. Carystians participated in the oligarchic coup which took place a few months later. Whether they are called "real gentlemen" (καλούς τε καὶ ἀγαθούς) because of known oligarchic leanings or sarcastically because of unacceptable sexual behavior (Σ) is unclear.
1061 ἔτνος: "thick soup."
δελφάκιον: "suckling pig," also a slang term for female genitalia.
1062 τέθυχ' = τέθυκα.
ἁπαλὰ καὶ καλά: "succulent and of good quality."
1065 ἥκετ(ε): imperative.
1069 οἰκάδ' εἰς ἑαυτῶν = εἰς τὴν ὑμῶν αὐτῶν οἰκίαν.
1070 γεννικῶς: here, "confidently."
1071 κεκλείσεται: fut. pf. <κλείω.

The Spartan envoys arrive, wearing noticeably distended himatia.

1072f Anapaestic tetrameter.
1072 ὑπήνας: "beards."
1073 ὥσπερ χοιροκομεῖον: "pigpens, as it were"; their clothing is held out from their bodies as if there were wicker cages beneath.
1074– Iambic trimeter.
1107
1074 μοι: See on 65.
1075 πῶς ἔχοντες: "in what state."
1076f =τί δεῖ πρὸς ὑμᾶς πολλὰ μυθίζειν ἔπη; ὁρᾶν γὰρ ἔξεστι πῶς ἔχοντες ἥκομεν.

1078 βαβαί: See on 312.
νενεύρωται ... ἥδε συμφορὰ δεινῶς: "this is a terribly tight strung predicament"; the related noun, νεῦρον, was a slang term for phallus.
1079 τεθερμῶσθαι ... χεῖρον: "to have heated up rather badly."
1080f = ... τί ἂν λέγοι τις; ἀλλὰ ὅπη θέλει πάντῃ τις ἐλθὼν ἡμῖν εἰρήνην θέτω.
ὅπα ... παντᾶ: "by whatever means."

The Athenian representatives enter.

1082 αὐτόχθονας: "aboriginals"; Athenians believed that their ancestors had dwelt in Attica from the very beginning.
1083 παλαιστὰς ἄνδρας: "wrestlers."
1083f ἀπὸ ... ἀποστέλλοντας: "letting their robes hang forward away from their bellies." The Athenians are apparently crouching like wrestlers about to grapple, in order to conceal their condition.
θαἰμάτι' = τὰ ἱμάτια.
1085 ἀσκητικόν: "athletic," chosen for its similarity to a medical term ἀσκιτικόν, "dropsical."
τὸ χρῆμα τοῦ νοσήματος = τὸ νόσημα.
1087 ὡς ... τοιουτοιί: "because we men here are as you see (τοιουτοιί)," apparently revealing leather phalli.
1088 ξυνᾴδει: "harmonizes with."
1089 ἦ που: "I suppose" (GP 286).
πρός: "toward" (S 1695,3,b).
1092 οὐκ ἔσθ' ὅπως οὐ: + fut. = "there is no way that we will not ...," i.e., "we are going to have to ... "
Κλεισθένη: See on 621.
1093 θαἰμάτια λήψεσθ': instructions to replace their robes.
ὅπως ... μή: See on 316.
1094 τῶν ἑρμοκοπιδῶν: "the mutilators of the herms," perpetrators of a famous act of vandalism occurring just before the Sicilian expedition and involving a citywide destruction of the herms, square pillars bearing the head of Hermes and protruding genitalia.
1095 μέντοι: expressing warm approval, "you really *do* ... " (GP 401).

1096 παντᾶ γα=παντῶς γε.
ἔσθος=ἔσθημα, "clothing."
ἀμβαλώμεθα: <ἀναβάλλω; "let's put on."
1097 The two delegations address one another for the first time.
1098f =ὦ πολυχαρέστατε, δεινά γε αὖ πεπόνθαμεν, εἰ εἶδον ἡμᾶς οἱ ἄνδρες ἀναπεφλασμένους.
πολυχαρείδα: "much-beloved."
τὦνδρες: the audience.
ἀμπεφλασμένους: "sexually aroused," a term for masturbation.
1100 αὖθ' (=αὐτὰ) ἕκαστα: "your business item by item."
1102 τουτογί: "the very same."
1105 λῆτε=θέλητε.
τὸν Λυσίστρατον: i.e., male or female will do so long as he/she fulfils the promise of the name.
1108- Anapaestic tetrameter.
1111
1108 ἀνδρειοτάτη: "manliest lady of all."
1109 δεινὴν ... πολύπειρον: "shrewd and soft, noble and humble, majestic and sweet, rich in experience."
1110 οἱ πρῶτοι: "the foremost men."
ἴυγγι: "spell"; the wryneck or iynx, a small bird so commonly used in love charms as to become synonymous with love magic.
1111 τὰ (ἐ)γκλήματα: "claims, disputes."
1113 ὀργῶντας: "(them) when they are aroused."
ἀλλήλων τε μὴ 'κπειρωμένους: "and not trying one another out."
1114 εἴσομαι: <οἶδα.
Διαλλαγή: "Reconciliation," an allegorical figure, apparently dressed in diaphanous costume.

Diallage enters and, following Lysistrata's instructions, conducts first the Spartans, then the Athenians from the orchestra to the stage.

1116 αὐθαδικῇ: "overbearing."
1117 ἀμαθῶς: "ignorantly," i.e., "in a boorish way."

1118 ὡς γυναῖκας εἰκός: "as (is) appropriate for women (to do)."
1119 τῆς σάθης: "by the phallus"; gen. of the part touched (S 1346). Cf. οὗ in 1121.
1121 οὗ=τούτου ὅ (S 2531a).
διδῶσι: 3rd pl. subj.; note accent.
1125 ἐμαυτῆς: "of my own nature, myself." The line is another quote from Euripides.
γνώμης: gen. with ἔχω + adv.; "I am not bad in judgement."
1127 μεμούσωμαι: "I have been educated."
1129 μιᾶς ἐκ χέρνιβος (<χέρνιψ): "from a single (bowl of) consecrated water."
1130 περιρραίνοντες: "sprinkling."
1131 Ὀλυμπίασιν, ἐν Πύλαις, Πυθοῖ: The festival of Zeus at Olympia and of Apollo at Pytho (Πυθοῖ, Delphi) were panhellenic. The temple of Demeter near Thermopylae (ἐν Πύλαις) was the meeting place of the Delphic Amphictyony, a federation of Greek cities which administered the oracle at Delphi.
1132 ἄλλους (βωμούς).
μηκύνειν: "speak at length."
1133 ἐχθρῶν ... βαρβάρων: the Persians, from whom the Spartans had been receiving help.
στρατεύματι: probably to be taken with what follows, "with soldiery" or "by fighting."
1135 δεῦρ(ο) ἀεί: "so far." Another quote from Euripides (Σ).
περαίνεται: "is consummated"; can refer to sexual concourse.
1136 ἀπεψωλημένος: "having been skinned" (see on 143).
1138 ὅτ(ε): "(the time) when"; cf. 1150.
Περικλείδας: a Spartan otherwise virtually unknown. In 464 B.C., after an earthquake (1142), the helots, who were Messenians, revolted and took refuge in Mt. Ithome. At the request of Pericleidas, Cimon, a conservative Athenian general, was sent with an army to assist the Spartans, but his services were refused.
1140 ὠχρός: "pale."
φοινικίδι: "red cloak."

1142 ἐπέκειτο: "was attacking."
 θεός: i.e., Poseidon, the earthshaker.
1144 She is falsifying history here; see on 1138.
1146 δῃοῦτε: "you are ravaging."
1148 ἀδικίομες=ἀδικοῦμεν.
 πρωκτός: "butt, bottom."
 ἄφατον ὥς: "(it is) impossible to say how ... "
1149 ἀφήσειν: <ἀφίημι, "let off," with μ(ε) as subject.
1150 ὑμᾶς: object of ἠλευθέρωσαν in 1155, with another sentence, πολλοὺς ... ξυμμάχους, between. Translate " ... the time when the Spartans, when you were wearing ... , having come ... destroyed many ... and ... set (you) free."
 οἱ Λάκωνες: a reminder of how the Spartans under Cleomenes (see on 274) freed the Athenians from the rule of the tyrant Hippias.
1151 κατωνάκας: "sheepskins." Some political opponents of the tyrants had to wear peasant costume.
1152 Θετταλῶν: the Thessalian cavalry which protected the tyrants.
1154 ξυνεκμαχοῦντες: "marching out to fight together."
1156 ἤμπεσχον: <ἀμπίσχω (=ἀμπέχω) "clothe x (acc.) in y (acc.)."
1157 =οὔπω γυναῖκα ὄπωπα (<ὁράω) ἀμείνονα.
1158 κύσθον: "crotch."
 ὑπηργμένων: gen abs. <ὑπάρχω; "when many good beginnings have been made."
1161 τοὔμποδών=τὸ ἐμποδών.
1162f =ἡμεῖς γε θέλομεν (διαλλαγῆναι), εἴ τις θέλει ἀποδοῦναι ἡμῖν τὸ ἔγκυκλον τοῦτο (Σ).
 τὠγκυκλον τοῦτο: "this round thing" turns out to be Pylos (see on 104), whose name means "entrance" or "gate." The bargaining continues with a series of *double entendres* on the geography of Diallage's anatomy.
1163 ὦ τᾶν: See on 501.
1164 =ἧσπερ πάλαι δεόμεθα καὶ βλιμάζομεν.
 βλιμάττομες="feel, fondle," usually in obscene contexts.

Aristophanes' Lysistrata 99

1166 κινήσομεν: in reference to political situation, "agitate," but also with sexual connotation (see on 227).

1168 τὸ δεῖνα: See on 921.

1169f τὸν Ἐχινοῦντα ... σκέλη: Echinus was a town on the Malian gulf (κόλπου) in northern Greece, a region which had been invaded in 413 by Spartan king Agis. The Megarian legs (σκέλη) were the long walls connecting Athen's neighbor, Megara, with her harbor. The anatomical allusions seem to be to the pubic hair (ἐχῖνος=hedgehog), the vagina (κόλπος=gulf) and the legs (σκέλη) (Henderson 151).

1171 λισσάνιε=ἀγαθέ.

1172 μηδὲν διαφέρου: "don't dispute."
σκελοῖν: dual gen.

1173 γεωργεῖν γυμνός: "to work the land while naked," as Hesiod advises in *Works and Days*, here, with sexual meaning (Henderson 284).

1174 κοπραγωγῆν (=-εῖν): "to spread manure"; apparently alluding to the Spartan practice of anal intercourse.

1176 βουλεύσασθε: "arrive at a decision."

1177 ἀνακοινώσατε: "communicate it to."

1179f =οὐ τοῖς συμμάχοις ἅπασι δοξεῖ τ(ὰ) αὐτὰ (ἃ δοκεῖ) νῷν, βινεῖν;
νῷν: "to the two of us" (dual).

1181 ἀμοῖσι=ἡμετέροις.
καὶ γάρ: "yes, and ... " (GP 109).
Καρυστίοις: See on 1058.

1182 ὅπως ἀγνεύσετε: urgent exhortation (S 1920); "see that you purify yourselves."

1184 ὧν: "from (the food) which."
κίσταις: "hampers."

1187 ὡς τάχος=ὡς τάχιστα.

1188 =ἄγε ὅποι σὺ θέλεις.

The actors depart through the doors representing the entrance to the Acropolis, and the chorus continues its playful theme (see on 1042).

1189 στρωμάτων: "coverlets," with φθόνος, 1192, "begrudging."
1190 χλανιδίων: "mantles, capes."
ξυστίδων: <ξυστίς, "an elegant full-length robe, long dress."
1191 χρυσίων: "gold articles."
1192f πᾶσιν ... τοῖς παισίν: with παρέχειν.
κανηφορῇ: "serves as basket-bearer"; see on 646.
1194 λέγω: + dat. + inf. = "I tell x to do y."
1195 χρημάτων: "from my possessions," partitive gen. (S 1341).
1195f καὶ μηδέν ... σεσημάνθαι: "and (I say) let nothing be so well sealed." σεσημάνθαι is from σημαίνω.
1197 τὸ μὴ οὐχι ... ἀνασπάσαι: "so as to prevent (a person's) ripping off the seals." The articular inf. is often used like ὥστε + inf. to express natural result (μὴ οὐ because it depends on a negatived verb, S 2745). The reference is to clay seals placed on money jars to prevent tampering.
1199 χἄττ᾽ =καὶ ἅττα (=ἅτινα).
1203 τῳ=τινι.
1204 βόσκει: See on 260.
1206 λαβεῖν: "to take, for the taking"; epexegetic (i.e., explanatory) inf.; so ἰδεῖν in 1207.
πυρίδια: diminutive for πυροί (1210–11), "wheat."
λεπτά: "fine," i.e., finely ground.
1207 νεανίας: (1) "big" (Σ) or (2) "fresh." A loaf made from a choenix (ca. one quart) of flour would be quite large.
1209 σάκους (=σάκκους) ... και κωρύκους: "sacks and leather bags."
1211 ὁ Μανῆς οὑμός: See on 908.
1212 αὐτοῖς: the bags.
1213 μέντοι: here, adversative, "however."
1214 προαγορεύω: "I formally give warning."
1215 εὐλαβεῖσθαι: "to beware."

The following scene is confused and confusing. The Prytanis calls from within for the door to be opened (1216). He then appears and threatens some seated persons (porters? the cho-

rus?) (1217). Several other Athenians apparently enter from within and offer assistance (1221), while the Prytanis continues trying to clear the doorway (1222). At 1239, he again clears the way, for the Spartan envoy, his comrades, and the pipe-player.

1216 παραχωρεῖν σ' ἔδει: "you should have stepped aside."

1218 κατακαύσω: fut. < κατακαίω, "incinerate."
φορτικόν: "vulgar, crass."
χωρίον: lit., "place"; here, "business, bit," i.e., chasing people with torches.

1220 ὑμῖν: the audience (Σ).

1222 ἀπίτε: fut.
κωκύσεσθε ... μακρά: "you will cry long (*or* loud) for."

1224 εὐωχημένοι: < εὐωχέω; "having feasted."

1226 καί: "actually."

1227 συμπόται: "drinking companions."

1228 νήφοντες οὐχ ὑγιαίνομεν: "when sober we are not sound," i.e., "we are rotten when we are sober."

1230 πρεσβεύσομεν: "we will go on official missions."

1232 βλέπομεν ὅ τι: "we look to see what we are going to ... "

1234 ὑπονενοήκαμεν: < ὑπονοέω, "surmise."

1235 οὐ ταὐτὰ τῶν αὐτῶν πέρι: i.e., they do not agree with one another in what they report.

1236- εἰ ... τις ᾄδοι ... ἐπῃνέσαμεν ἄν: past general condition,
38ff with ἄν in main clause indicating customary action (S 2341); see also on 510.
Τελαμῶνος, Κλειταγόρας: "(the song) of Telamon, (the song) of Cleitagora." Both are drinking songs, the former about Ajax, son of Telamon. The problem here seems to be the use of the wrong tune rather than a confusion of lyrics.
δέον: "when it was necessary," acc. abs.
πρός: adv., "in addition."
ἄν ... ἐπιωρκήσαμεν: "would swear falsely," i.e., that no mistake had been made.

1239 ἀλλ' ... γάρ: "but (wait), for ... " marking the entrance of new arrivals.

1240 ταὐτόν=τὸ αὐτό.
οὐκ ἐρρήσετ': virtual command, "get going."
μαστιγίαι: "deserving of a whipping," i.e., "scoundrels."
1241 ὡς ... γε: "for."
1242– =ὦ πολυχαρέστατε, λαβὲ τά φυσητήρια ἵνα ἐγὼ διπο-
44 διάσω τε καὶ ᾄσω καλὸν εἰς τοὺς Ἀθηναίους τε καὶ ἡμᾶς ᾆσμα ἅμα.
πολυχαρείδα: See on 1098. Apparently he addresses a pipe-player.
τὰ φυσατηρία: "pipes, wind instruments."
διποδιάξω: "dance a two step."
1245 τὰς φυσαλλίδας: "pipes."
1248 =ὅρμησον τῷ κιρσανίῳ, ὦ Μνημοσύνη, τὴν σὴν μοῦσαν
ff (Σ) ἥτις οἶδεν ἡμᾶς καὶ τοὺς Ἀθηναίους ὅτε οἱ μὲν ἐπὶ Ἀρτεμισίῳ προέκρουον θεοείκελοι πρὸς τὰ κᾶλα καὶ τοὺς Μήδους ἐνίκων·
1248 ὅρμαόν: aor. imperative <ὁρμάω, "rouse."
κυρσανίῳ: "youth, young man"; dat. of interest.
Μναμόνα: Memory, mother of the Muses.
1251 ἐπ' Ἀρταμιτίῳ: in 480 B.C., Athenian and other ships engaged the Persian navy off Artemisium, the northern point of Euboea, while troops under the Spartan king Leonidas were holding the pass at Thermopylae.
1252 πρώκροον: "struck ahead."
σιείκελοι: "like gods."
1253 ποττὰ κᾶλα: "against the timbers," i.e., "against their hulls."
1254 =ἡμᾶς δὲ αὖ Λεωνίδας ἦγε ὥσπερ τοὺς κάπρους θήγον-
ff τας, οἴομαι, τὸν ὀδόντα· πολὺς δὲ ἀμφὶ τὰς γένυας ἀφρὸς ἤνθει, πολὺς δὲ ἅμα κατὰ τῶν σκελῶν ἀφρὸς ἵετο. ἦσαν γὰρ οἱ ἄνδρες οὐκ ἐλάσσονες τῆς ψάμμης οἱ Πέρσαι.
1255 τὼς κάπρως: "wild boars."
θάγοντας ... τὸν ὀδόντ': "sharpening their tusks."
1257 ἀφρός ἤνσεεν: "foam blossomed (<ἀνθέω)," i.e., the sweat stood out.
1261 ψάμμας: "sand."
1262 =ἀγροτέρα θηρόκτονε, μόλε δεῦρο, παρθένε θεά, πρὸς τὰς
ff σπονδάς, ἵνα συνέχῃς ἡμᾶς πολὺν χρόνον. νῦν δ' αὖ

Aristophanes' Lysistrata 103

φιλία τ' ἀεὶ εὔπορος εἴη ταῖς συνθήκαις, καὶ τῶν αἱμύλων ἀλωπέκων παυσαίμεθα. ὤ, δεῦρο ἴθι, δεῦρο, ὦ κυναγὲ παρθένε.

1262 ἀγροτέρα σηροκτόνε: "huntress, slayer of beasts," i.e., Artemis.
1265 ὡς συνέχῃς ... ἀμέ: i.e., in friendship.
1266 εὔπορος: "easy," i.e., "trouble-free."
1268 τᾶν αἱμυλᾶν ἀλωπέκων: "from (behaving like) crafty foxes."
1272 κυναγέ: "dog-driver," i.e., "huntress."
1273–78 Iambic trimeter.
1274 ἀπάγεσθε: middle, "take away these women of yours here (τασδεδί) ... ," i.e., the hostage Spartan women who are now entering from the Acropolis, where they have been confined since 253.
1276 ἐπ' ἀγαθαῖς ξυμφοραῖς: "in view of the good outcome."
1277 θεοῖσιν: "in honor of the gods."
εὐλαβώμεθα: "let's take care" (see on 1215).
1280 ἐπὶ δέ: adv., "and in addition."
1281 δίδυμον ἀγέχορον Ἰήιον: "her twin leader of the chorus, he who is invoked with the cry ἰή," i.e., Apollo.
1282 Νύσιον: "the god of Nysus," i.e., Dionysus. Nysus was the name of several mountains sacred to the god.
1284 μαινάσιν: The maenads, or Bacchantes, were the female attendants of Dionysus.
ὄμμασι δαίεται: "blazes with his eyes," i.e., "(whose) eyes are ablaze."
1285 πυρί: alluding to Zeus' lightning.
1286 ἄλοχον: "wife," i.e., Hera.
1287 δαίμονας: the secondary deities whose task it is to watch over a peace.
ἐπιμάρτυσι: dat. <ἐπιμάρτυς, "as witnesses."
1288 ἐπιλήσμοσιν: "forgetful."
1289 μεγαλόφρονος: "high-minded," i.e., without humiliation on either side.

1290 Κύπρις: See on 551.
1291f ἀλαλαί κτλ: cries of joy and triumph, appropriate to several deities, e.g., Apollo (ἰὴ παιών) and Dionysus (εὐοῖ).
1292 αἴρεσθ(ε) ἄνω: "rise up," i.e., in the dance.
1293 ὡς ἐπὶ νίκῃ: "as over a victory."
1295 πρόφαινε... μοῦσαν... νέαν: i.e., sing a new song.
1296 =Ταΰγετον αὖτ' ἐραννὸν ἐκλιποῦσα, Μοῦσα, μόλε, μόλε,
ff Λάκαινα, πρεπτὸν ἡμῖν κλέουσα τὸν ἐν Ἀμύκλαις θεὸν καὶ χαλκίοικον ἄνασσαν καὶ Τυνδαρίδας ἀγαθοὺς οἱ δὴ παρὰ Εὐρώταν παίζουσι.
1296 Ταΰγυτον: See on 117.
ἐραννόν: "lovely."
1297 μόλε: aor. imperative; see on 743.
πρεπτόν: "distinguished, renowned."
1298 κλέωά: "celebrating."
τὸν Ἀμύκλαις σιών: Apollo. Amyclae, a center of his worship, was three miles south of Sparta.
1300 χαλκίοικον ἄνασσαν: "mistress of the brazen house," a title of Athena derived from her famous temple in Sparta.
1301 Τυνδαρίδας: Castor and Polydeuces, "sons of Tyndareus," here identified by their mortal "father"; traditionally their true sire was Zeus.
1302 Εὐρώταν: the Eurotas, the principal river of Sparta.
1303 =εἶα μάλα ἔμβα· ὦ εἶα κοῦφα πῆλον ὡς Σπάρτην ὑμνῶμεν
ff ᾗ οἱ χοροὶ θεῶν μέλουσιν καὶ ποδῶν κτύπος, ὅτε ὥσπερ πῶλοι αἱ κόραι παρὰ τὸν Εὐρώταν ἀναπάλλουσι πυκνὰ ποδοῖν ἀνακονίουσαι, αἱ δὲ κόμαι σείονται, ὥσπερ αἱ Βακχῶν θυρσαζουσῶν καὶ παιζουσῶν. ἡγεῖται δ' ἡ Λήδης παῖς ἁγνὴ χορηγὸς εὐπρεπής.
1303 εἶα: a lively interjection, "come on!"
ἔμβη: aor. imperative < ἐμβαίνω.
1304 πᾶλον: aor. imperative < πάλλω, "leap."
1306 σιῶν χοροί: i.e., groups of dancers honoring the gods.
1307 κτύπος: "thud."
1308 ὄχ' = ὄκα = ὅτε.
πῶλοι: "colts."

1310 ἀμπάλλοντι: "leap up."
πoδoῖν: dat. dual.
1311 ἀγκονίωαί: "stirring up the dust."
1313 Βακχᾶν: "the Bacchantes"; see on 1284.
θυρσαδδωᾶν: "waving their thyrsoi." The thyrsoi were wands tipped with vine leaf clusters.
1314 ἁ Λήδας παῖς: Helen.
1316-20 Iambic tetrameter.
1316 ff =ἀλλ᾽ ἄγε, κόμην παραμπύκιζε χειρὶ ποδοῖν τε πήδα ὡς ἔλαφός τις, κρότον δ᾽ ἅμα ποίει χορωφελήτην καὶ τὴν κρατίστην παμμάχον, τὴν χαλκίοικον, ὕμνει.
παραμπύκιδδε: "bind with a ribbon."
πήδα: imperative <πηδάω, "leap."
ἔλαφος: "deer."
κρότον . . . χορωφελήταν: "a beat to aid the dance."
1320 παμμάχον: "ready for every battle," a two-termination adj.

Appendix: The Names in the *Lysistrata*

Traditionally, the names in this play have been regarded as fictional, with several explained as appropriate compositions, e.g., Lysistrata, the demobilizer of armies, and Cinesias, a name highly suggestive of sexual activity (see on 838). A current theory, however, has suggested a number of identifications with historical figures, beginning with Myrrhine, the contemporary priestess of Athena Nike, whose temple is adjacent to the Acropolis entrance and the reasonable source for the various articles sought and fetched by the Myrrhine of the play as she toys with her husband, Cinesias (916–951). Two further proposed identifications are: Lysistrata with Lysimache, a fifth-century priestess of Athena Polias, Athena of the City; and Lampito with the Spartan queen mother, whose son Agis II was at the time of the play in control of a hill fort 15 miles west of Athens (see D. M. Lewis, "Notes on Attic inscriptions (II)," *Ann. Brit. School Ath.*, 50 (1955) 1–12).

This theory must be labelled tentative for several reasons: there is no sure evidence that Lysimache was priestess at the time of the play; as far as meaning goes, Lysimache's real name is as appropriate to the play's theme as is the name Lysistrata, and both Myrrhine and Lampito would have been elderly women in 411 B.C. On the other hand, if one accepts the theory, Lysistrata's mission gains added meaning, as she becomes an important member of the religious establishment rather than an upstart Athenian matron. Little things, such as her comments on cults at the beginning of the play and her treatment of Lampito like a sacrificial animal under inspection (84), become significant. The fact that the Myrrhine of the play is clearly much younger than the elderly priestess of the same name, who may have been watching from an official seat at the edge of the orchestra, could explain the comment by Cinesias that she seems much younger than he remembers her (885). Cinesias also, although there is no external evidence, may be a historical person, whose personal and deme names are conveniently appropriate (see on 838 and 852).

Selected Bibliography

C.W. Dearden, *The Stage of Aristophanes* (University of London Classical Studies VII) (London, 1976). A useful discussion of the possible staging of Aristophanes' plays, including physical arrangements and devices, distribution of roles, and costuming.

Kenneth J. Dover, *Aristophanic Comedy* (Berkeley, Cal., 1972), esp. 150-161. An introduction to Aristophanes, with good comments and suggestions but little on how the festivals and the plays were organized.

Jeffrey Henderson, *The Maculate Muse, Obscene Language in Attic Comedy* (New Haven, 1976). A thorough, pioneering work, which detects more instances of sexual and scatological humor than have been included here.

Jeffrey Henderson, "*Lysistrate*: The Play and its Themes," *Aristophanes: Essays in Interpretation* (Yale Classical Studies XXVI) (Cambridge, 1980), 153-218. A very thorough discussion of the play which appeared too late for use in the writing of this commentary.

A. O. Hulton, "The Women on the Acropolis: A Note on the Structure of the *Lysistrata*," *Greece & Rome* 19 (1972), 32-36.

John Vaio, "The Manipulation of Theme and Action in Aristophanes' *Lysistrata*," *Greek, Roman and Byzantine Studies* 14 (1973), 369-380. Two discussions of the connected themes of the play, identified as Plan A (sex strike) and Plan B (seizure of the Acropolis). Hulton acknowledges a looseness of structure, while Vaio sees unity in the way the themes of home and city are related to one another.

Cedric H. Whitman, *Aristophanes and the Comic Hero* (Martin Classical Lectures XIX) (Cambridge, Mass., 1964), esp. 200-216. A literary discussion, containing, in addition to the insights promised in the title, suggestions on possible symbolism.